文化遗产档案丛书

天津皇会

汉沽飞镲老会

冯骥才 主编

路浩 王拓 著

路浩 摄影

山东教育出版社

汉沽飞镲起源于清代末期，是当地沿海一带的渔民从日常生活中受到启发而创造、传承、发展的一项集合了民间舞蹈、民间音乐、民间武术的综合性民间广场艺术。飞镲伴随着震天动地的大鼓大饶之声和铿锵有力的节奏，把汉沽海渔民粗犷和纯朴的性格表现得淋漓尽致。二〇〇八年汉沽飞镲列入第二批国家级非物质文化遗产名录传统民间音乐镲鼓艺术类首位。

图书在版编目（CIP）数据

汉沽飞镲老会／路浩，王拓著．—济南：山东教育出版社，2014

（天津皇会文化遗产档案／冯骥才主编）
ISBN　978-7-5328-8503-9

Ⅰ.①汉…　Ⅱ.①路…　②王…　Ⅲ.①风俗习惯-史料-天津市　Ⅳ.①K892.421

中国版本图书馆CIP数据核字(2014)第154797号

天津皇会文化遗产档案丛书

汉沽飞镲老会

冯骥才　主编

主　　管：山东出版传媒股份有限公司
出版者：山东教育出版社
　　　　（济南市纬一路321号　　邮编：250001）
电　　话：(0531)82092664　　传真：(0531)82092625
网　　址：http://www.sjs.com.cn
发行者：山东教育出版社
印　　刷：山东临沂新华印刷物流集团有限责任公司
版　　次：2014年6月第1版第1次印刷
规　　格：787mm×1092mm　16开本
印　　张：8.75印张
字　　数：110千字
书　　号：ISBN 978-7-5328-8503-9
定　　价：65.00元

（如印装质量有问题，请与印刷厂联系调换）
印厂电话：0539-2925659

本丛书为国家社会科学基金艺术学项目
"现代社会转型期天津皇会的研究"系列成果之一

丛书编辑委员会

总序

文化存录的必要

冯骥才

在时代急骤转型时，一部分民间文化的消失在所难免。

这种消失，有的是物换星移与新旧交替之必然，有的则因为失去了存在的土壤，无法再活下去；这是一种无可奈何花落去，一种在时代更迭和进程中的"正常死亡"。

当然还有一种"非正常死亡"：或由于利益驱动，自我割除；或由于浅薄无知，信手扬弃；或由于对致富的心情过于急切，草草处决了历史生命。故而，对于现存的活态民间文化遗产，我们必须抓紧做的事：一是力保，一是存录下来。

存录，就是在一项民间文化（即非物质文化遗产）尚在活态时，抓紧对其进行全面的田野调查，同时运用各种技术手段，尽可能将其完整地、客观地、详实地记录与保存下来。存录的目的是把动态的、不确定的、分散存在的、保留在人们的记忆、行为或口头上的文化遗产，采集下来，进行科学整理，从而为该遗产建立一份永久性的档案。

这样做的目的，一方面使我们对自己的遗产有完整而清晰的认识，有了必备的文献性的依据；一方面在其不可挽留时，还备有一份历史存照，不致烟消云散，化为乌有。这既是对遗产的科学态度，又是对历史创造应有的尊重，也是遗产学的工作之本。

十年来，存录的做法一直贯穿在我们文化遗产抢救的始终，如在中国木版年画、剪纸、唐卡、泥彩塑等诸多方面都进行了系统的存录和建档的工作。历史上，我们对民间文化多是成果或作品的采集。很少通过人类学、民俗学、历史学、民艺学等多学科的交叉和综合角度，进行整体的考察与田野记录，很少使用口述调查与音像记录等手段。这种方法是我们在社会转型期间，对中华民族的历史创造进行地毯式田野抢救时所采用的一种创造性的学术方法。在2009年举行的"田野的经验"国际会议上得到与会各国专家的公认和肯定。

十年来在全国各地已有很多学者与专家对某一专项民间文化遗产抢救时，也使用了这种方法。

这里则是对国家非遗的"皇会祭典"进行了如是的调查、整理和存录。

曾经兴盛于北方重镇天津、从属于妈祖祭典的皇会，具有深厚的文化内涵，浓郁的历史情韵，严格的程序套路，高超的表演技艺与强烈的地域精神。我国民间花会遍布民间，呈现于各地庙会与民间节庆中，像天津皇会这种大规模的都市民俗尚不多见。尤其令人惊讶的是，在当代都市大规模改造和居民动迁之后，这种民间结社性质的许多老会，依然"气在丹田"，凝聚不散，自行组织，自发活动，并没有被商业化，依然朴素地保持着民间文化的纯正性，为当今社会所罕见。表现了这一地域文化曾经扎根于民间之深之牢。同时我们也看到，在现代强势的都市文明的冲击下它面临的黯淡的前景与日渐消解的现实。为此，为这一城市的历史文化遗产建立科学的文化档案是我们必需承担的使命。

天津皇会始于清初，每年阳春三月海神妈祖诞辰吉日举行庆典，城郊各会齐聚天后宫，上街巡游，逞能献艺；一时城中万人空巷，会间百戏杂陈。极盛时期各类花会多至千余道。三百年以来，时代变迁，社会更迭，及至"文革"后百废待兴之时，尚存近半；然而，它所经历的最大的挫折应是近三十年的现代化冲击，致使当下仅存的老会不及百道。对其进行调查、整理、研究、存录及保护，给予主动和积极的学术支撑，都是刻不容缓的事。故此，我院一边将"现代社会转型期天津皇会的研究"作为重点科研课题（已列入国家社科基金学术研究项目）；一边对重点老会开展调查，逐一建立档案。本书便是该档案的文字与图片部分。

此次为皇会立档，一要做史料考证，二要做田野调查。前者求实，后者求真。对每道皇会都涉及其历史沿革、重要人物、技艺特征、音乐曲谱、器物种类、文献遗存、会规会约、传承谱系等等，这些历史上都鲜有记录。调查与印证之难自不必书，存录的价值与意义自在其中。应该说对这一历经数百年极具特色的民俗文化，在其濒危之际，将其完整又详实地存录下来，亦是一个小小的历史性的贡献。

我很高兴，这项工作已被我院一些年轻的师生承担起来了。由于他们此前完成了"中国木版年画传承人口述史丛书"，我相信这一套天津皇会档案能达到应有的文化质量与价值。

文化的存录对一个民族来说，是记忆，是积累，是面对过去、更是面对未来必须做好做细做扎实的事情。

是为记焉。

2013年5月31日

于天津大学冯骥才文学艺术研究院

目录

第一章

源起、沿革与文化空间

一、社区历史文化概况

汉沽傍河临海，由水得名，因盐而兴。从天津站出发，乘坐462路公交车，途经空港经济区、北塘古镇等地，大约1小时40分钟车程，就到达位于天津市最东部的汉沽区。在地理位置上，汉沽东邻河北省唐山市丰南县，北接宁河县，西衔塘沽及北京清河，南临渤海。

汉沽地区成陆时间非常早，秦代已有先民在此地居住。汉代汉沽隶属雍奴县，北魏改属泉州县，唐属武清县，五代属香河县，金属宝坻县，清属宁河县，民国时期为宁河县五区寨上镇。1949年建立冀东十五专署汉沽特别区，同年改汉沽镇。1954年建河北省汉沽市，1958年改建天津市汉沽区，后为唐山市汉沽区，1962年复置天津市汉沽区至今。2009年11月，汉沽区与塘沽区、大港区正式合并为滨海新区，直

1844年的汉沽城区图

属天津市。

汉沽有"九河下梢"之说，在汇入渤海湾处，南北横穿汉沽城区的蓟运河与永定河、潮白河、大清河、子牙河、金钟河、海河、独流减河、马场减河、还乡新河等九水系交汇。自汉以来，东南载粮北上的漕运船只，入鲍邱水（古称沽河，今称蓟运河）下游河口北上，经汉沽、芦台、宁河等镇运往宝坻、蓟县。在过去，芦台场产出的盐，绝大部分依靠蓟运河运出。蓟运河对于汉沽的意义十分重大，起到了黄金水道的作用，是汉沽人的母亲河。2003年，汉沽区政府斥资于蓟运河东岸建立了汉沽滨河世纪广场，该广场依河而建，供当地民众在闲暇之余纳凉嬉戏。城区中的许多飞镲队将广场作为排练与表演的场所，飞镲龙狮艺术团的队员们就喜欢在夏、秋季节的晚上来到这里敲鼓、舞镲，同时吸纳对飞镲感兴趣的民众前来学艺，一些大型的商贸、表演活动也经常在此举行。2007年，天津电

夜晚的汉沽滨河世纪广场，飞镲排练与表演的场所

横穿汉沽城区的蓟运河，是汉沽人的母亲河

夕阳下的蔡家堡码头

视台《城市的故事·讲述天津》栏目摄制组曾经来到汉沽为飞镲拍摄纪录片，该广场也成为了最主要的取景地之一。

1976年的唐山大地震给汉沽带来了十分严重的伤害，以高家堡子村为例，据村民高廷凤记述，高家堡子那时候的人口大约1700人，地震致使204人当场死亡，400余人受伤，再加上出走的村民，一时间人口减少了将近50%。曾经在高家堡子盛极一时的飞镲，所有的会具在地震中毁于一旦，而掌握飞镲技艺的村民也在地震后四散到各地，难以齐聚。地震对汉沽的影响时至今日仍然依稀可见。首次来到汉沽，最初的印象即是很难发现市区常见的高层建筑。实际上，汉沽城区中，民居建筑多是平房，或是不超过四层的小型楼房。龙武飞镲老会的教练刘洋，他的父亲现今仍居住在单位分给的平房中，而这样的平房在当时只有厂里的骨干才有机会得到。汉沽的高层建筑不多，而且均为近年来才建成的，可以看出，地震的阴影在汉沽民众的心中已经慢慢散去。

说起汉沽，就不得不提到汉沽的两大标志——渔和盐。汉沽的渔业和盐业十分发达，不仅为汉沽民众带来了富足的生活，也孕育出了汉沽飞镲这一在全国都有着较高知名度的民间技艺。

汉沽有着丰富的海水和淡水资源。现有滩涂333公顷，水面4000公顷。其中，境内蓟运河道长35公里、水面866.7公顷。河水年平均排海量7.2亿立方米，地表蓄水能力7200万立方米。有两座水库，营城水库库容量3000万立方米，高庄水库库容量450万立方米，有繁盛的生物资源。海淡水鱼类有6目11科27种，虾、蟹、贝类繁杂。盐田汪子中的半年虫、浅海的兰蛤是有很高开发价值的鱼虾饵料。野生生物中藻类最多，特别是浮游植物分属7个门类45属。

汉沽南部的沿海一带，曾经建立有诸多的渔村，村中的居民世代以养船、打渔为生。这些渔村在该地区退海成陆后慢慢形成，历史悠久，如高家堡子、蔡家堡、大神堂等村落有着600年左右的历史。据蔡家堡村村民赵满宗讲述，蔡家堡村村民过去表演飞镲的高地是以蛤粉堆积而成的。所谓"蛤粉"，即蛤蜊的皮形成的粉末，蛤蜊的皮还有药物作用，能补钙。通常来说，能以蛤粉堆积成为高地需要非常久的时间，足见蔡家堡村历史的久远。

实际上，天津汉沽的沿海村落名称多加以"堡"字，当地人念pù。天津自古就有着"河边一溜沽，海边一溜堡"的说法。"堡"指的就是沿海散落着的一个个小渔村，这些渔村多为明朝时驻扎海防军队的驿站。为了筑城增兵，巩固海防守卫，明朝在沿海设立驿站，分为驿、站、堡三部分。在我国古代，驿站担负着各种政治、经济、文化、军事等方面的信息传递任务。为了适应军事需要，守御部队为加强通信联络，每十里地建一递堡，每堡设有四人。递堡一般建在有驻军的主要交通线附近，好像一个方形的小堡，四角插着旌旗。后来，在驿站附近的村庄，名字里都带上了"堡"字，如于家堡、高家堡子、蔡家堡、大堡子、小堡子、陈家堡（今北塘）、吴家堡等。汉沽曾有10多个名字中带有"堡"字的渔村。到了近代，汉沽带有"堡"字的村子只剩下高家堡子和蔡家堡了。

捕鱼讲究天时地利。汉沽渔民会看天气，懂得大海潮水规律，还没动身，收获就有了一半。汉沽人根据经验，总结出了潮水歌："初一、十五晌午潮；初八、二十三，潮水亮了天；二十五六，两头不就；二十七八，荡漾水；潮五（小时）落六（小时）。每天潮落相差约四十五分钟，逐日后推，半个月找齐。"掌握了潮汐规律，再学会看天气，就完完全全地掌握了捕鱼的主动权。

在过去，捕鱼所用的船只十分简陋，大多为帆船。通常情况下，每年的农历三月底至四月初之间，随着天气转暖，海水开化，渔民开始出海打渔。基于鱼类的特性，为了吸引鱼群，渔民通常会击奏鼓、钹、铙、镲

高家堡子旧址，如今叫作鲤鱼门

等。但在船上，这些响器只是用来击奏，不会有任何动作。后来，人们逐渐把这种击奏的活动从船上搬到了海滩、码头上，作为欢庆丰收的仪式，促进了飞镲的诞生与发展。同时，当地丰富的海产品资源也吸引了海匪的注意，为了抵抗这些海匪，不少渔民开始习武防身，形意拳成为了不少渔民的首选。也因此，表演者会想到将形意拳的动作和飞镲结合起来，使得飞镲慢慢演变成现在的样子。

大海给汉沽民众的馈赠，除了种类繁多的海产品，还有为汉沽的经济发展做出了突出贡献的盐。早在东汉末年，生活在这片土地上的先民，就已经通过刮取地面上的盐碱土，沥淋海水为原料架火熬盐。到了唐代，天津盐业规模尚小，由民众散乱设灶，锅煎成盐，悉数交官府运销。五代时，后唐庄宗重视盐的产销。同光三年（925），幽州节度使赵德钧为解军费困竭之难，在芦台南部卤地设场，因该场区为大片退海之地，富含盐分的表层土壤和茂盛的芦苇，为刮土淋卤、煎煮制盐提供了优越的自然条件，遂被开辟为盐场。场名从地名，史称"芦台场"，隶属新仓（今宝坻县城）。该场所产原盐由船运往新仓集中贮存，设榷盐院主掌运销、催征盐课。辽金时代，兴盛的芦台盐产，使新仓人烟繁庶，经济发展。金大定十二年（1172）在此置县，"调盐乃国之宝，取如坻如京之意，命之曰宝坻，列入上县，著于版籍"。元代，芦台场所辖煎盐灶继续南移，场区范围北起宝坻县城，南濒渤海，西抵军粮城，东达陆沽，广延一百二十华里，生产方法也由刮土淋卤改为扉海水淋卤。明嘉靖年间，所产原盐被誉为"芦台玉砂"，"岁煎白盐一千八百斤贡上"。清康熙初年芦台场大面积废煎改晒，即利用太阳能和风力开滩晒盐。这一生产工艺的重大变革，使原盐平收之年可产万吨。同时，随着盐田的开辟，道光九年（1821）盐滩正式为灶户私有。进入民国，芦台场署移驻汉沽，生产规模逐步扩大，年产原盐增加到20万吨左右。抗日战争时期，日本侵略者为满足其侵华战争的需要，在汉沽大规模开建盐田，使盐资源大部分掠往日本。日本投降后，由国民党政府接管了盐场，因经营不善部分盐田荒废，导致盐产量下降。1948年，汉沽解放，人民政府立即接管了芦台场署。从此古老的盐滩焕发出了新的活力。1958年私营盐滩全部转为国营，遂正式定名为"长芦汉沽盐场"。在几代盐业人的不懈努力下，汉沽盐场得到了快速发展，年产量已超过百万吨。

汉沽民风淳朴，当地人说话大嗓门，处事坦诚，与人为善。汉沽人责任感强，爱憎分明，血洒疆场者不计其数。汉沽人好武术，这与汉沽人热心肠的性格是分不开的。最早传入汉沽的武术是螳螂拳，在19世纪中叶，由营城村的李万恒从龙口传播到了汉沽。另外，汉沽是形意拳的重要发展地，有许多人自幼练习形意拳，在当地小有名气，如李玉光、刘庆柱等。另外，少林拳、八极拳术等武术门类在汉沽也有不少人练习。汉沽人对于武术的热爱在汉沽飞镲中也得以体现。在汉沽，尤其是男性，飞镲要得好的大多有着武术的基础，特别是形意拳的基础，而飞镲在传承流变的过程中，其动作也融入了形意拳的动作特点。

据当地人讲述，汉沽的居民绝大多数来自于"燕王扫北"的队伍，在后来的发展之中，当地出现了三大家族——营城邵姓、寨上李姓、汉沽崔姓。

营城邵姓。营城位于天津市汉沽城区东南部，东邻寨上，西北靠蓟运河，原有城池基址，清末旧城遗址犹存。明清以来，这里就是海防重镇。

清初设营城营，后改为汛，清政府置北塘、新河、营城为海口三镇。清咸丰九年（1859），清政府在营城南部的蓟运河西岸崔家圈和东岸邵家圈修建炮台4座，北塘河口的浮桥和码头，也移至营城和茶淀之间，成为应援大沽炮台和堵防海口的重要军事基地，北塘防兵和炮位全部撤防到营城，最多时驻马步兵达3100名。民国和日伪时期，置营城乡，辖沿海12保，共20个自然村。

明永乐初年，邵益谦任海防千户武职，移住营城，娶妻孟氏，遂繁衍定居，使邵姓成为营城大族。1937年初，由邵氏21世孙邵作荣创修邵益谦堂简明宗谱序二记载："明永乐三年（1405），有浙江绍兴山阴县邵益谦，以海防千户武职，移官海隅，卜居营城，娶姓孟氏，邵家焉历明、清、（中）华三朝，二十余世，五百余年，嗣绪繁昌，声名洋溢……"邵氏家族中出现过的名人包括考取清乾隆年间五品官员的邵兰谱、清嘉庆年间在营城设立"守谦堂"药局的邵显彰等。

寨上李姓。汉沽的八大门李姓，明朝初年由南京来汉沽落户，是汉沽的大姓氏。李家坟地挖掘出镌刻有李文龙及二、三、四世祖名字的八大门李姓的坟茔石碑一通，佐证了历史。同时，李氏家族一直保有一副对联，"龙门驾种推元礼，凤阁鸣高仰邺侯"，横批"陇西世泽"。

汉沽八大门李姓的始祖李文龙，是明成祖朱棣的二外甥。当时的汉沽是古幽州的海防要地，朱棣封李文龙为海疆大臣，管理京师海防地域。随着时光的流逝，李氏先祖在汉沽繁衍生息，生儿育女，立了八家门户，主要做熬盐、晒盐的活计。在北至杨家泊乡的东李自沽，南至大柳沽近百里盐滩地内辛勤劳作。数百年的拼搏，以制盐为主业的八大门李氏家族发展成为汉沽的实业大家族。清光绪年间，八大门后人在牌坊街西头建有前后层带庭院、飞檐斗拱、前出廊后出厦、砖木结构的"李氏宗祠"。1906年，李氏家族后人还捐资修建了"寨上民立长芦小学堂"，传播文化，李义厚担任了校董，还集资修建了盐母庙、三官庙等。现在芦台大、小王御史村李姓也为八大门的后裔。

汉沽崔姓。崔姓是汉沽三大家族之一，明万历年间辗转迁徙来到汉沽，比寨上八大门李姓、营城邵姓来汉沽落户晚百余年。崔姓家族信奉耕读传家，崇读书，多有读书人，且有为。先祖在汉沽拓垦有崔兴庄、崔兴沽可耕种土地及营城"茶棚"周围芦苇圈等产业，还开辟有盐滩地。旧时，汉沽有阴历腊月二十二、二十七为一年之终的两天民用生活物资交流集日，是崔氏先祖用赎崔兴沽的土地筹款，赴京师为黎民百姓争取，得到朝廷的批准而设立的。

据史料记载，崔姓发源于山东境内，落居汉沽的崔姓属于博陵先祖，后世辗转江苏，又北迁至霸州、宝坻，立村崔家铺。后又迁至宁河落户，成为迁徙到北方的崔姓始祖。至北方四世，有后世再迁至"芦台场"旧址，建立南崔庄。又有后世落居汉沽，拓荒垦地，建立崔兴沽、崔兴庄。落居汉沽的崔氏家族子孙于1925年在汉沽庄建立"崔氏宗祠"一座，上门檐挂"博陵望族"匾额一块，附有镌刻楹联："畿辅名宗一科三进士，渠梁宗族七榜九魁元。"

汉沽的三大家族，为汉沽百年来的经济、政治、文化、教育等各个方面的发展做出了突出贡献。也是得益于此，汉沽不仅在经济上享受着渔盐之利，在文化方面也有着颇高的造诣，凭借着刻字与版画的精湛技法，汉沽在1996年被国家文化部命名为"版画刻字艺术之乡"，并被评选为2011-2013年度"中国民间文化艺术之乡"。

1987年，中国书法家协会与全日本书道同盟、日本刻字协会联合主办了一次中日刻字交流展，天津市选送的10件参展作品中就有9件为汉沽刻字作品，自此汉沽刻字引起了人们的关注。1993年4月，汉沽刻字的创作团队荣获"天津市鲁迅文艺奖金特别奖"。为了发展独具特色的刻字艺术，汉

中国民间文化艺术之乡

（2011-2013年）

中华人民共和国文化部
二○一一年十一月

汉沽被评选为2011-2013年度"中国民间文化艺术之乡"

沽区委、区政府于1994年组建了"汉沽刻字版画艺术院"。目前，汉沽刻字艺术已发展壮大为中外闻名、影响广泛的文化产业和特色产品。

汉沽刻字最大的特点在于其融书法、雕刻、装饰艺术于一体，既能利用材质的肌理美，又能表现中国传统书法的艺术美；既能创造雕塑艺术的立体造型美，又能呈示装饰艺术的工艺美。汉沽刻字包含多种形式，包括木刻、竹刻、陶刻、瓷刻、石刻等，艺术家们根据不同的材料，设计不同的字体、字型，使文字与材质完美结合，创造出古朴典雅、意味深长的艺术作品。这些作品往往在外在和内质上都有匠心独运之处。

汉沽版画开始于20世纪50年代，到了70年代，当地文化馆举办了版画技法培训班，培养了一批版画创作者，80年代，文化宫又组织成立了"汉沽职工版画研究室"，一批描绘渔村、盐场、化工厂风貌的具有汉沽特色的版画作品问世，一经创作即在天津崭露头角。1994年成立了"汉沽版画刻字艺术院"，专门从事版画与刻字的创作；1999年又修建了"汉沽区文化活动中心"，为喜爱汉沽版画的民众提供了一个沟通与交流的平台。二十多年来，近两千件汉沽版画作品为中外艺术机构和国际友人收藏，并作为国家级礼品赠送给美国、日本、新加坡等国的国家元首和贵宾。

二、老会起源、发展与变迁

汉沽飞镲是由汉沽的渔民发展起来的一项集合了民间舞蹈、民间音乐、民间武术的综合性民间广场艺术。镲，是用双手执拿，敲击作响的一种铜器，也叫作响器。实际上，汉沽的镲是当地人特有的一种称谓，学名叫作钹，最早出现在一千多年前，那个时候钹是一种武器。飞镲的形成与发展，与当地渔民的生产和生活密切相关，是当地渔民海上生产与生活的艺术再现。

汉沽飞镲的发源地迄今未有定论。一种说法为发源于高家堡子村，另一种说法为发源于蔡家堡村。

高家堡子村始建于明代，距今有630余年的历史。2006年，村落整体搬迁，高家堡子村从汉沽版图中消失。据高家堡子村村民高廷凤口述：

> 据我了解，高家堡村是个渔村，出海打渔之前就要敲锣打鼓放鞭炮，庆贺这一年的丰收。按土语说，一网两船打满了，也庆贺。在船上也有鼓，也有镲，也打，就是庆贺丰收的意思。另外就是逢年过节，尤其是春节，飞镲作为一种民间的会庆祝春节，敲敲打打，到各个村转转，也显着是过年了。就是这样一点一点演变过来的，而且也一点一点发展。刚开始就是随便敲一敲，以后就像谱的歌似的就有曲了……[1]

蔡家堡村同样始建于明代，有着600多年的历史。该村于2011年整体搬迁，但村中的码头至今仍在使用当中，村中在除夕夜"生纸"的习俗还在继续着。据蔡家堡村村民赵家岭口述：

> 现在的飞镲就来源于生活。村民认为（海上）富饶的资源是上天的恩赐。当船满载而归的时候要庆贺，过年过节的时候要祭天祭

1.2013年11月3日，受访者：高廷凤；采访人：路浩、王拓。

海，午夜要"生纸"，都离不开锣、鼓、镲。海上的船黑夜也要用锣、鼓、镲通信。起网的鼓点，通过几代人的沉淀，发展到现在的规模。[1]

高家堡子村与蔡家堡村在地理位置上十分相近，两村建立的时间相仿，又有着相似的生计方式，当地并未找出翔实的史料可以证明汉沽飞镲究竟起源在哪个村中。在调查中，认为高家堡子村为汉沽飞镲发源地的人较多，而认为蔡家堡为汉沽飞镲发源地的人较少。

由于史料的缺乏，汉沽飞镲的精确起源时间也无从得知。据高家堡子村飞镲表演者，现今85岁高龄的高廷言老人讲述，从他爷爷一辈就已经有表演飞镲的，再往上一辈就记不清楚了。来自蔡家堡村的市级传承人赵满宗、高庄村的市级传承人刘洪生也认为汉沽飞镲起源于清朝末期，由此可

蔡家堡码头的飞镲表演

1.2013年11月4日，受访者：赵家岭；采访人：路浩、王拓。

以推断汉沽飞镲大致起源于清朝末年，有着百余年的历史。

对于高家堡子飞镲的起源，村民们以口口相传的方式叙述着不同的故事。

有的说是汉沽高家堡子村的几条船出海打渔，遇到风浪失散，有船漂流到某海岛，听到庙里有低沉的钹声音传出，声音雄浑，传播时间长，家仗（船老大）受到启发，汲取过来，作为联络同村、同姓氏渔船撒网、收网的信号。当时镲的直径比现在大，镲的肚子也大。把敲打锣、鼓、镲作为民俗节目，以村为单位，出现在每年正月十五的花会队伍中，慢慢演变成为飞镲。

还有一种说法是，高家堡子村村民高振先，在十七八岁的时候去景忠山朝山，这是在北方地区比较闻名的一座古寺，香火挺旺。景忠山的和尚们觉得这小伙子一表人才，就想传授其飞镲的技法，高振先欣然接受。这原本是一种武术形式，这种武术能搪（保卫自己）又能抗（打对手），叫作飞钹，最初根本就不是为了娱乐。高振先学成以后，回到高家堡子村，高振茹、高振远等许多振字辈的哥们弟兄都参加这个队伍中，并慢慢演变成了飞镲。

还有的说，高家堡子村的村民从唐山那边请来了老师，跟他们学的飞镲。结果人家教会了高家堡子村村民后便离开了，高家堡子村村民就此开始了飞镲表演并传播到汉沽其他的村中。

以前，飞镲表演遍及汉沽沿海大小渔村，出会表演时以村庄为单位，每年农历十月十五各村会一起到河北迁西景忠山碧霞元君庙进香祭拜。新中国成立后，随着汉沽城区盐场的兴建，飞镲由渔村进入了盐场，由村庄进入了城区。盐场规模扩张，开始在南部的各个渔村招募工人，大量的村民来到了盐场工作。据高家堡子村村民高廷恩讲述，村民在此期间有一半成了工人，其中不乏熟练掌握飞镲技艺的如高廷言等，汉沽盐场四分场的飞镲队就是这期间以高家堡子的村民为基础组织起来的。20世纪50年代末，艺人对飞镲表演进行了较大的改革，首先从动律上加大幅度，更多地追求舞台表演艺术的特点，追求动作的统一和编排技巧。不但注意结构层次、画面调度、陪衬对比、静止亮相等艺术性，更增强了"双人对打"和"四人对打"等段落，增强了飞镲的表现力，更好地反映了沿海民众新的精神面貌和气质。20世纪70年代中期，受政治运动与唐山大地震的影响，飞镲的热潮暂时消退，但在一些政治性的庆典活动中仍然可以看到飞镲的身影。

> "文革"的时候，毛主席发表最新指示，老百姓都敲锣打鼓上街欢庆，欢庆就有鼓就有镲，所以这一段时间也推动了飞镲。但"文革"的时候除了下指示欢庆的时候搞一下，平时没有了，只有政治上的活动可以去。[1]

进入20世纪80年代，文化政策开始宽松，加之民众对于飞镲的热爱，几位从盐场退休的飞镲艺人重新操持起来，飞镲再度兴起。"80年代之后就是各个渔村、各个街道都有飞镲队。"[2]金龙飞镲队、高庄飞镲队、龙武飞镲老会均是在这一时期成立的。此后，汉沽飞镲参加了许多大型的表演活动，舞出了风采，舞出了名气。促进了飞镲这项技艺在汉沽的传承与发展，也促使了更多的飞镲爱好者与更多的飞镲队伍的出现。

如今，汉沽飞镲已经是沿海渔村集民间音乐、舞蹈、武术为一体的综合性民间广场艺术，他们在继承传统的基础上赋予了飞镲新的时代特色。汉沽飞镲经过多年的发展，已经成为汉沽远近闻名的主要艺术表演形式之一。目前，汉沽各街、镇自发成立了十余支飞镲队伍，遍及全区各街、镇、厂，就连消防支队与武警支队的官兵也组建了飞镲队，群众参与度

1.2013年8月19日，受访者：崔宝宾；采访人：史静、路浩。
2.同上。

极高。他们曾多次被选拔到北京、天津参加汇演、比赛，为汉沽赢得了诸多荣誉，使汉沽飞镲在各大赛事中声名远播。2007年6月，汉沽飞镲被评为天津市非物质文化遗产，2008年6月，"锣鼓艺术·汉沽飞镲"被评为国家级非物质文化遗产。

汉沽飞镲最开始时用四对镲、一面大鼓、两对铙为演奏乐器，后来为了迎合大型演出的需要，镲的数量明显增多。耍镲的技法包括"掏镲"、"分镲"、"磨镲"等。镲与大鼓、大铙有机地结合，边表演动作边耍镲。汉沽飞镲的表演以其锣鼓喧天的热烈气氛和龙腾虎跃、海鸥翔翔的气势，来庆祝渔业丰收，欢送家人出海作业，同时也表现出渔民奋勇向前、勇敢无畏的气概，以及对美好生

汉沽飞镲在2007年6月被评为天津市非物质文化遗产

汉沽飞镲在2008年6月获得国家级非物质文化遗产的殊荣

2012年天津航母主题公园的飞镲表演

活的向往和对大海的深情。

在大型的表演活动中，乐手与舞者的穿着十分讲究，需头扎彩巾，额系绸带，宽袖武靴。而在一般的活动中，其穿着较为随意，常穿轻便宽大的太极服，年轻一代更有穿着短袖T恤衫、跨栏背心等进行表演的。

伴奏鼓乐因表演情境的不同而编排不同的套路曲目，常用的基本曲目包括《吵子》（也有写作《草子》《炒子》）、《么二三》（也有写作《一二三》）、《长量》（也有写作《苍凉》）、《敬香》（也有写作《进香》）等。较为特殊的，也有高庄村《十三帆》这样的曲目。在20世纪50年代，以高廷言老先生为代表的飞镲表演者将飞镲的曲目与动作重新作了规范与调整，如今为汉沽城区的各飞镲队所使用。由于各村庄的飞镲与汉沽城区的飞镲在发展上长期处在并行的状态，经过数代的纵向传承与不断的横向传播，如今各队的伴奏鼓乐大体相似，只是细微之处有一些差别。

飞镲伴随着震天动地的大鼓大钹之声和铿锵有力的节奏，把汉沽沿海渔民粗犷和淳朴的性格表现得淋漓尽致。起伏的金镲、飞舞的镲缨再现了大海的气势磅礴，每当渔民欢庆渔业丰收，或欢送家人驾船出海，或举行各种宗教庆典时，飞镲表演现场锣鼓喧天，龙腾虎跃。从应用功效上看，汉沽飞镲广泛应用于祭祀、

汉沽飞镲雕像，矗立在汉沽滨河世纪广场的正中央

欢庆等活动，有着酬神自娱的特点。从精神气韵上看，飞镲表演将劲健雄浑与飘逸灵动相统一，将厚重拙朴与即兴挥洒相融合。

汉沽飞镲与其他民间艺术形式一样，自然会镌刻下时代的烙印，艺术地记录社会生活和人们的精神诉求。汉沽飞镲主要融入了四个方面的元素：一是因为飞镲起源于海上作业，所以飞镲表演中的某些基本动作依然保留了劳作时的形体符号，如拉网、挂帆等；二是因为飞镲在当地祭海酬神以及地方宗教活动中的广泛展示，所以从鼓乐形式、动作姿态到神情气质，都会深受影响，如《敬香》的曲牌套路；三是冀东沿海地区民众防身健体多习形意拳，飞镲表演者又往往是习武的壮汉，因此自然要以镲为兵，化武为镲，比如，飞镲表演中缠头裹脑，步态身法的应用，都彰显出武术的意态；四是冀东地区广为流传的民间花会形式，对于飞镲乐曲和舞蹈形式也产生了重要影响。

汉沽飞镲获得的主要荣誉有：

1956年，进京参加全国民间文艺汇演。

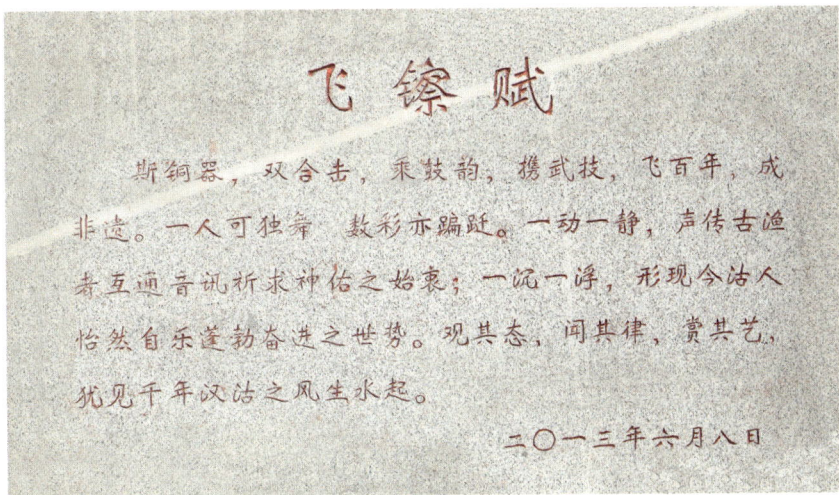

《飞镲赋》，刻于汉沽飞镲雕像基座背面

1958年，飞镲编入舞蹈，登上舞台，参加天津市民间文化艺术展演；飞镲表演收录入《中国民族民间舞蹈集成·天津卷》。

1987年，获得天津市津沽民间花会大赛银奖。

1989年，舞蹈《飞钹》获得天津市首届田野文化艺术节文艺大赛优秀表演奖。

2005年，获天津市百万市民晨练大赛一等奖；获天津市第四届农民艺术节花会大赛一等奖；获天津市首届民间花会、广场舞大赛一等奖，荣膺"十大擂主"称号；获天津市少数民族运动会一等奖；入选天津市非物质文化遗产名录。

2007年，参加全国第十四届"群星奖"广场舞大赛广州总决赛。

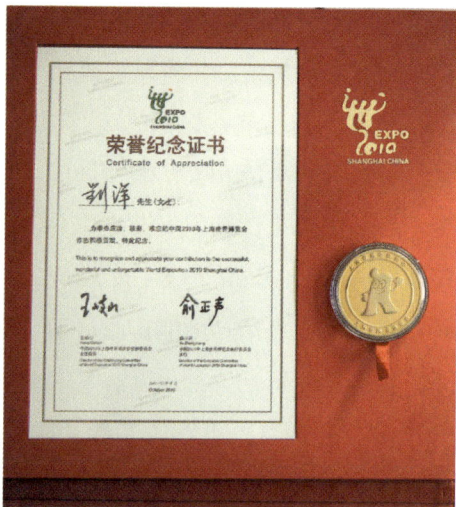

飞镲队员刘洋代表天津民间艺术参加
上海世博会巡演的荣誉纪念书

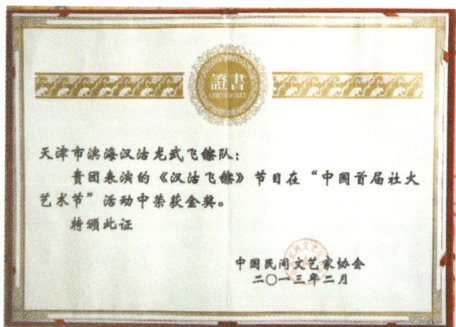

龙武飞镲队获中国首届社火艺术节金奖

2008年，列入国务院第二批国家级非物质文化遗产名录传统民间音乐锣鼓艺术类首位。刘洪彩、刘洪生、赵满宗、邵芝礼被评为天津市非物质文化遗产传承人，其中，刘洪彩被推荐参评国家级"非遗"传承人。

2009年，获全国传奇武术精英邀请赛金奖。

2010年，少儿舞蹈《飞镲闹海》获得华北五省市少儿舞蹈大赛双金奖；代表天津民间艺术参加上海世博会巡演；高廷言、邵芝礼被"民间保护天津皇会奖励基金"评选为汉沽飞镲优秀传承人。

2012年，参加"香港新春大巡游活动"。

2013年，参加中国首届社火艺术节，荣获金奖。

三、神圣的信仰空间

汉沽沿海一带的渔村有着诸多古老的习俗：当地的养船人家都备有一套锣鼓放在渔船上，在遇见鱼群时，各船都要展开旗子，焚香烧纸，敲锣打鼓引诱鱼入网，当地人们称之为"赶鱼"。渔民每次撒网之前都要先打飞镲，因为鱼好热闹，一听到声响就全都围过来了，这时候撒网准保全都是满的。有时候鱼太多太挤，网拉不动，这时候就再打一阵镲，鱼一听声响就又动弹起来，收网就省劲儿多了。而实际上，带到船上的响器还有其他的用途。敲击鼓、镲可以便于渔船之间联系。海上的气候变化莫测，旧时夜间，照明设施缺失，若是遇到了能见度较低的天气，极容易发生危险，或是迷失行船的方向。而鼓、镲的声音浑厚而响亮，容易被人察觉，通过鼓、镲的声响，渔船之间可以形成有效的联系。等打完鱼满载而归时，船还没靠岸，大伙儿就开始敲锣打飞镲，通知家里人，这时全村的人都会集合起来出来迎接，船靠岸同时打起飞镲庆丰收，当地人称之为"打喜"。到了除夕之夜，家家户户到船头祈祷，敲锣打鼓，焚香烧纸，称之为"生纸"。到了大年初一、初二接财神的日子，也都伴有打锣敲鼓活动。除此之外，各村举办的庙会以及每年的农历十月十五日前往景忠山敬香还愿的过程中，也都全程伴随着飞镲的表演，酬神自娱。这些富有地域性的独特的传统和习俗，为汉沽飞镲的产生提供了坚实的基础，使得飞镲的表演场所由海上向陆地过渡，由实用性向艺术性过渡，并赋予了其信仰层面的内涵。

因为从事渔业，日常生活中存在一些生活忌讳。如行船中船要调转方向时忌讳说"掉头"，只能说"划檣"。当地渔民在多年捕鱼的生活中也创造出了许许多多的"俗语"。如橹被称为"划子"，在船上工作称为"使船"，船长被称为"家仕"，船上的鼓和铙被称为"家什"，等等，颇具地方色彩。船上还要贴对联，船头贴"九曲三江水，一网两船鱼"，横批是"船头压浪"；桅杆贴"大将军八面威风"；船尾贴"顺风相送"或"舵后生风"等。在过去，船员皆为男性，女性是不允许出海的。这其中涉及到两方面的原因，其一，汉沽地区有着"女人上船船翻"的老例儿，认为女人上船不吉利，所以不允许女人上船；其二，出海打渔是一件很辛苦的事情，一次出海历时数日，期间男性船员为了工作方便往往穿着十分简单，若有女性在场会徒增许多尴尬。另外，打渔本身也是项力气活儿，对于女性来讲要求较高。

过去，汉沽许多渔村都依海而建，海中丰富的资源是渔民取之不尽的财富，极大促进了汉沽渔业与盐业的发展。然而，在海中作业也是一件极其危险的事情。行船海上，风云变幻莫测。所以，海神便成了汉沽人既尊敬又畏惧的神灵，祭海成了渔村中常见的仪式。汉沽地区的渔民多信奉海神，包括火神、管鱼的小神爷、四海龙王、三霄娘娘、碧霞元君和妈祖等。高家堡子村的村民高景留，家中曾养过船，他至今信奉着妈祖娘娘：

> 以前我们家有船，就信奉海神娘娘。我们家老一辈的人，像我妈妈、我奶奶那时候天天烧香磕头，也是求平安吧。所以说现在我们上船的人对妈祖娘娘还是比较信仰的。[1]

另外，自古至今，"齐家"的重要性不言而喻，任何人都希望家宅平安，家中的成员能够身体健康，无灾无难。汉沽民众仍然保留着家神信仰，但神像与牌位已经不多见。飞镲龙狮艺术团的领导王福生家里供奉着观音菩萨以及"家狐之仙位"。据说这两位家神十分灵验，曾有一些人来到这里许愿求神。

对于渔民来说，每次出海能够满载而归是他们心中梦寐以求并为之付诸努力的一件事情，这是一种人性的本能，也是汉沽人性格的体现。每每

1.2013年11月3日，受访者：高景留；采访人：路浩、王拓。

在收获的时候欢庆一番，感谢神灵的保护，这是过去汉沽人例行的活动之一。以前，每年农历十月十五的时候，沿海一带的渔民会一起去到景忠山碧霞元君庙朝山进香。

景忠山碧霞元君庙，位于河北省唐山市。大殿正位供奉的是道教神仙碧霞元君，左右两侧是其化身眼光娘娘和送子娘娘。每年农历四月十八元君圣诞及十月十五元君元斋大吉之日，景忠山都要举行规模盛大的祭祀庙会。清康熙帝感念神德，推崇倍至，敕封景忠山元君庙为碧霞元君行宫，由此景忠山香火日盛，名播天下，绵延至今，经久不衰。

汉沽人信奉碧霞元君，为求万事顺利，一生平安，在每年的农历四月十八碧霞元君生日以及农历十月十五下元斋日，要结队到碧霞元君宫进香祭拜，还要举行表演赛会。

天津的塘沽、北塘、汉沽一带的渔民已经陆续休船，家族都选派体格强壮、有修养、懂事理的代表，用7至10天时间，徒步往返

观音菩萨与"家狐之仙位"

600余华里，鼓镲喧天，娘娘驾伴同行，集群结队前往景忠山参加祭拜碧霞元君活动，成为约定的习俗，把遇到的喜、怒、哀、乐之事，都向碧霞元君娘娘叙（诉）说，寻找依靠、寄托，求得保佑，至今相传。有所改变的是乘车代替了步行，原来7至10天的路途往返，现在改为一天往返。[1]

据高家堡子村村民高廷凤口述：

过去我们都要去景忠山，以前叫北景山。高家堡子村每年都得赶庙会去，到景忠山集中，看看谁敲得好，也是庆祝庙会的意思。那时候都是步行，或者坐马车，再早就是小车子了。那时候没有胶皮车。每次去20人左右。景忠山在迁西，路上可能要走两天，然后在那活动三天。只要是一去，到景忠山跟前了，我们一敲，人家就知道是高家堡子的镲来了，一直延续到地震以前，每年都有。[2]

蔡家堡村民赵满宗说，他组织的金龙飞镲队也曾去碧霞元君庙祭拜，但是因为去一趟花销较大，所以，并非每年都去敬香朝拜。蔡家堡飞镲队近年来也会去碧霞元君庙烧香祭拜，之前连续去了三年。据蔡家堡村村民赵家岭口述：

解放以前，我们四月份的时候不去（朝山），因为那时候船上正忙。每年（农历）十月十五去景忠山朝山，村里面一家去一个，带着飞镲队。在"四清"运动以后（朝山的活动）停了，最近几年又恢复了。这些年改成（农历）四月十八，不过（农历）十月十五也去过一次。因为有在景忠山有许愿的，有个规矩是，一去就得去三年，所以连续去了三次，但是今年明年去不去都行了。[3]

1.李瑞林：《汉沽飞镲的历史、传承与嬗变》，"2013年当代社会中的传统生活国际学术研讨会"论文。

2.2013年11月3日，受访者：高廷凤；采访人：路浩、王拓。

3.2013年11月4日，受访者：赵家岭；采访人：路浩、王拓。

　　蔡家堡之所以与景忠山有着较深的渊源，是因为曾有一位蔡家堡人在碧霞元君庙出家当和尚。清朝后期，汉沽蔡家堡村有一位赵姓村民结婚多年无子，遂到碧霞元君庙朝拜许愿：如果生下二男，送一子到此伺奉元君娘娘。果然，媳妇生下二子。待长子赵文宽成长到能独立生活时，就送他到景忠山碧霞元君宫，削发为僧，法号悟明。所以每年蔡家堡飞镲队上碧霞元君庙祭拜时，老和尚悟明一听到飞镲的声音，就知道老家来人了，赶快让小和尚把飞镲队请上山。但是发展到现在，因为种种原因，汉沽仍然保持这一传统的飞镲队已经寥寥无几。

四、民间故事与传说

1. 盐母传说

盐母庙五代时始建于芦台，清嘉庆戊辰年再建于汉沽寨上。这是天津特有的庙宇，而盐母则是天津独有的地方神。五代战乱，幽州地区傍海煮盐的灶户，走死逃亡，不仅"盐绝岁久"，就连生产盐的技术也断代了。元代赵铸的碑记和明代陈九功的碑记，都详细记载了盐母神话的起源，证明盐母神话及盐母庙始于五代。

《宁河县志》中记载了盐母显灵的故事。第一次显灵是五代战乱之时，芦台忽然有一位外来的老大娘，教人们刮土煮盐，不几天这个老大娘不见了，于是人们认为这是神仙点化，一致倡导为盐母立庙。第二次是历经后唐和辽、金三朝之后，汉沽盐业处于由初兴到鼎盛，由灶煎到滩晒的转折时期，元朝平州路廉访使赵铸，来芦台到盐母庙祈祷，第二天黎明有人告诉他："台南十里，皎白如春雪者十数顷，其厚寸余，迫而视之，则盐也。"此传说是盐母第二次显灵，指点人们认识海水经日晒结盐的自然现象，这就是民间传说的"盐母显圣，易煎为晒"。经元末明初的战乱，芦台盐母庙几乎湮废。明朝青州分司同知陈九功，初到芦台盐区察访。当时他见到的是盐母庙的庙基，经询问才知是盐母庙，当地人竟介绍错了，说是"盐公"庙。他从废墟中发现了元朝赵铸的庙记碑文才知是"盐母"庙，认为官不可无舍，神不可无居所，于是倡捐重修盐母庙。就在建庙竣工并由陈九功作文祭祀于祠的时候，奇迹出现了，骤然下起大雨，盐民都相拥而归。次日雨停天晴，池中海水都凝成盐，众人都不知盐从何来，说是陈九功修庙而使盐母受到感动。从明代的碑文中可知，当时海盐滩晒是与灶煎并存的。

2. 渔郎的传说

这是在采访过程中蔡家堡村村民赵满宗讲述的故事，在汉沽沿海一带广为流传。相传，在过去，海上是有海匪的。有一天，一对夫妻来到海边打渔，不巧遇见了海匪，穷凶极恶的海匪把妻子霸占，之后还把丈夫杀掉扔进了海中。妻子知道丈夫死了的消息，十分痛苦，于是为丈夫披麻戴孝。她来到海边，口中不断喊着"渔郎、渔郎"，而后跳海自尽。后来，海上出现了许多鱼鹰子（即鸬鹚），白色、灰色的，和鸽子差不多大，叫的时候发出的声音与"渔郎"十分相似。

3. 飞钹的故事

飞镲的学名叫作飞钹，最开始是作为武器使用的。据汉沽飞镲队队员刘爱林介绍，钹作为武器最早出现在唐朝，与唐太宗李世民有着不解之缘。相传，唐朝开国皇帝李渊在位的时候，有个大相国寺，住持叫了然，正是了然禅师发明了钹。最初钹被用作兵器使用，在李世民被追杀的时候，士兵正要开弓放箭，了然率领众弟子赶到，钹打雕翎，救了李世民的命。后来李世民登基，各路上供，了然禅师就让弟子耍钹。李世民问徐茂功此乃何物，徐说这叫"飞钹八卦阵"，于是李世民封了然禅师为"了然飞钹僧"。

4. 蔡家堡村民与景忠庙的故事

清末，汉沽蔡家堡村有村民赵文宽到景忠山当了和尚，受戒后起法号悟明。

清末废科举办学校，景忠山大庙要被改为学校，和尚们慌了，推举能说会道、头脑灵通的悟明进北京寻救命符。悟明到了北京，举目无依之时看到了两个官吏打扮的人进了酒馆，立刻有了主意。他进入饭馆，替两位官吏付了酒水钱，而后转身而出。两位官吏付账的时候，店堂的伙计说有个和尚替他们付了酒水钱，两位官吏感到十分不解。第二天，两位官吏又来吃饭，和尚又把账单结了，于是两位官吏要求伙计，等明天那和尚再来付账的时候不要让他离开，他们想要见见他。到了第三天，两个官吏又来吃饭，在悟明帮他们付账的时候，伙计叫来了他们。官吏问和尚："师傅，咱们素不相识，你为啥替我们付账？"悟明便趁机把官家要占庙为校的事情讲了出来，并央求："二位官员修好积德，给我们讲个情，我们庙里的和尚要给二位官员烧香。"于是，两位官员答应下来。悟明回到庙里不久，地方政府就接到了上边的旨意，把学校改建在了车轴山。悟明护庙有功，成为景忠庙的第七代主持，被众僧敬为七太爷。

第二章

会规与会况

一、入会

1. 会员

汉沽飞镲起源于北方渤海地区的渔村，在这里几乎每个渔村的男性村民，只要活泼喜动，都可以参加集体性的飞镲队，入会学镲。而且村中的孩童从小就耳濡目染父辈们的飞镲表演，其日常生活的语境和飞镲表演分不开，尤其是在渔民丰收及出海的时节，更要击镲庆祝。所以，飞镲是汉沽地区渔民日常生活中一项很重要的民俗事项。

汉沽现在共有12支飞镲队，在汉沽文化馆非物质文化遗产中心登记在册的飞镲队员有400多名。既有男会员，也有女会员，最高年龄75岁，男性平均年龄约50岁。职业大多为工人（以盐场工人为主）、干部，很多是退休人员，还有一部分是周边渔村热爱飞镲表演的村民。汉沽现有飞镲队的会员一般分两种：正式表演的会员和服务性质的会员。正式表演的会员一般比较固定，出会时负责表演；服务性质的会员一般都是由上了年纪的老者担任，主要负责会中表演器具的维修和维持出会时的出行安全等。

入会没有拜师仪式，只要喜好，即可跟着教练学习。一般而言，飞镲队不会举行吸纳某人为会员的入会仪式。如果一个人在一个飞镲队长期进行表演，那么他就自然而然地成为这个飞镲队的会员。汉沽各飞镲队对入会会员的筛选通常没有严格的硬性要求，"入会没有什么禁忌，谁都能入，没有民族限制、职业限制 "[1]。但通常会员的人品德行和身体素质会成为飞镲队老队员注重和考察的条件。汉沽龙武飞镲队的所谓入会的基本条件为：首先，会员本身爱好飞镲，而且发自内心想要发展和尊重这项表演活动。第二，会员必须自愿。个人自发地认同、喜好飞镲，即自愿、自发，自己认可和主动加入。总之，只要有加入飞镲会的意愿，有一定的广场艺术特长和技能，并能够积极参加广场表演的飞镲爱好者都可以入会。

为了方便会员的管理，龙武飞镲老会制作了会员的登记表，新入会的会员需要填写姓名、性别、民族、文化程度、联系电话、政治面貌、工作单位、本会位置等十余项内容，经会中管理层审核通过后，于"本会意见"栏填写信息，并签字盖章。在汉沽，会规大多为队长或是会头在新会员加入后口头告知，龙武飞镲队则在会头高景留的组织下制定了详细的老会章程，分为总则、业务、会员、机构、资产与附则，共六章十五项条款，明确了老会的性质与宗旨，细化了老会的业务范围、会员的甄选与权利义务，针对会中的组织结构与资产管理做出了较为严格的规定。同时，老会还制定了会员守则，对会中的会员提出了要求。

尽管龙武飞镲队入会没有任何仪式，但对于想入会的会员，飞镲队的教练也会进行商量，考虑是否同意吸收其入会。龙武飞镲队有名额限制，一般为25人左右，有时甚至缩小到20至25人之间。据会头高景留20多年的演出经验，飞镲表演的活动主办方有时会提出人数问题。通常飞镲演出时，需要20人左右，因此龙武飞镲队在保持住20人的基础上进行吐故纳新。同样的情况，汉沽蔡家堡飞镲队现有人数也是保持在23人。

看财女子飞镲队在吸纳队员的时候，要与会员签订协议书，其中包含有三项条款：第一，飞镲队员都是自愿报名入队，没人强迫；第二，队员（乙方）入队之前均没查体，所以表演飞镲期间突然有病或因病死亡，责

1.2013年8月19日，受访者：崔宝宾；采访人：史静、路浩。

加入看财女子飞镲队时需要签署的协议书

任由乙方承担，镲队（甲方）不负任何责任；第三，队员（乙方）对自己的表演动作以及道具要负责，因表演行动或道具问题（包括前后场所有不同岗位人员）被别人所伤或者伤了别人，责任乙方自负，镲队（甲方）不负任何责任。如果队员同意上述条款，则在协议书上签字，作为一种契约。

汉沽区高庄村飞镲队对新参加入队的会员会考察以下几个条件：第一，必须能服从领导指挥；第二，能团结家里，孝顺老人，为人正派；第三，积极肯干；第四，体形较好。满足四个基本条件入会没有任何阻碍。汉沽蔡家飞镲队对有意入会的飞镲队员主要是看其是否有浓厚的兴趣。特别是社区内的青少年儿童如果愿意学飞镲，村里民众会很高兴，也会努力激发他们的兴趣。但蔡家堡由于受旧时遗留下来的渔业习俗影响，飞镲会没有女性会员参加。因为旧时女性不能上船，所以女性也不曾参与庆祝捕鱼丰收的飞镲表演。对于社区里青少年的入会，年长的飞镲队员就会表演几通飞镲以表示欢迎孩子们的加入。至于新加入的青少年会员，都是随机性的。若吸收到新的飞镲学员，便召集其他的年轻队员在一起，介绍彼此之间相互认识。尽管没有任何仪式、讲究，但整个入会的事情需要由队长来操持并决定，他不仅有权决定是否吸纳某人为会员，而且负责通知和召集其他会员。现在的蔡家堡飞镲队吸纳队员不限于蔡家堡社区，其他村子或社区的成员都可以自由参加。

旧时汉沽地区飞镲队的入会，其会员的地域性特征较为明显。基本上是由同一个村庄的男性组成一个村庄的飞镲队。如今，飞镲队成员的跨地域性比较明显，有来自居住在汉沽区各个村子和社区的成员。但某些村子的飞镲队相对还是以本社区的村民为主体。此外，现在入会没有职业和旧时严格的性别限制，无论男女都可入会。各个飞镲队的会员主要是盐场的工人，亦有从事其他职业的，也有农民，越来越多的女性也开始参加飞镲表演。最早的飞镲表演只有男性才可以参加，而在1993年以后，女性也开始被允许参加。汉沽地区第一个学习飞镲的女子据说是飞镲老会员高景留的侄女刘文兰。刘文兰的飞镲表演使旧有的"只有男性才玩飞镲"的观念产生了很大的转变。越来越多的女性也开始学习飞镲，加入到这一行列中来。

> 女同志当时不是以演出为目的，是以好奇和锻炼身体为目的（练习飞镲的）。后期飞镲转入正规化，出去表演，女队员主要是服务，但有时人不够就妆扮成男的上来了，效果也不错。有第一次就有第二次，到现在女会员可以正式参加表演，有混搭表演也有女会员单独表演的。有女会员的表演，人们更爱看。[1]

女性参加飞镲表演后，飞镲的传统舞蹈动作也相应地发生了一些改变。比如，为利于女性的轻盈表演，镲的重量较原来变轻。其次，在以往男性英武有力和刚猛激烈的表演基础上，女性表演飞镲的风格则更为轻柔曼妙，产生了视觉上的艺术对比。同时，飞镲队中也出现了男女混合表演的情况，增加了表演的艺术和形式审美。

2. 会头与师承

汉沽飞镲队的演出和参加各种活动如进山庙会、红白喜事和开业庆典

1.2013年8月19日，受访者：崔宝宾；采访人：史静、路浩。

等，往往由飞镲队的会头也就是队长负责组织。飞镲队对于会头的选拔相对较为严格，一般需要挑选富有组织能力、有一定的威信、有话语权而且能压得住众多会员的人选。

据曾任汉沽龙武飞镲队会头的高景留介绍，飞镲队的会头，要根据老的传统，选择一名有威信的，例如上一代飞镲队会头高廷言便是既会敲铙，又会敲鼓、敲镲的相对全能的艺人。而高景留的继任，一方面是飞镲队队员的集体举荐；另一方面是前任会头高廷言的任命。因为高景留自幼喜欢飞镲，有艺术细胞，从骨子里热衷于组织和参与飞镲的演出活动。

龙武飞镲老会上一任会头高廷言、现任会头高景留均被"民间保护天津皇会奖励基金会"评为优秀传承人。

社区的民众都认为高景留是内行，对家乡的飞镲艺术有着很高的热情和责任感，因此获得大伙的认可和举荐。高景留担任汉沽龙武飞镲队的会头以后，主要负责组织飞镲的表演活动。尽管飞镲队内有男教练和女教练各司其职，但他作为总教练还需要承担新会员的入会和培训等组织工作。

总而言之，汉沽飞镲队的各个会头，一般由大家推举而非世袭。一般由辈分高、德高望重、有组织能力的人担任。早期汉沽各飞镲队的第一代至第三代的会头们往往都是渔民出身，后来的会头则逐渐由飞镲表演技艺好的、有一定文化水平和组织能力的人来担任。以汉沽龙武飞镲队为例，其第三代会头高廷言是盐场退休的工人，他的飞镲技艺有口皆碑，具有代表性。第四代会头高景留则是天津市化工厂街道办事处的干部，内退后回家乡担任汉沽龙武飞镲队的会头，以振兴家乡的飞镲表演艺术。

汉沽飞镲队的队长与会员之间通常没有严格的师承关系，所以飞镲队中没有师父之称。由于飞镲最早是村庄的庄会，汉沽很多村庄都有，而且它是渔民日常打渔生活的一部分，所以，村中的儿童从小就耳濡目染父辈的飞镲表演，被"熏"出了耳音，能够听懂鼓谱、镲谱并领会了各种飞镲动作，临出会时再由飞镲队的老人集中彩排一下，即可出会演出。

据说，汉沽飞镲老艺人高振先（已故）传授的学徒很多。汉沽沿海崔庄、杨河子、铁庙子、茶淀、大田、大神堂、李庄等渔村，多是请蔡家堡、高家堡的人来教。据大神堂老艺人刘景信（1905年生）回忆，他于20岁时，请高家堡人来本村教飞镲，打的是《敬香》《吵子》和《幺二三》等鼓点儿，是四个人打"八扇"，学会的第二年上的景忠山祭拜碧霞元君。[1]

3. 会所与练习

飞镲作为村庄内年节应景的娱乐活动，并无固定的会所和排练场所，也无统一的排练时间。通常，飞镲队队员需要演出排练时，便会寻找一处广场和空地如社区的广场、花园以及学校的操场等。由于飞镲排练时的声音很大，往往寻找不会扰民的地方作为练习场地。寨上街的飞镲龙狮艺术团选择距离会所较近的汉沽滨河世纪广场作为飞镲练习的场所，夏秋时节

1.中国民族民间舞蹈集成编委会：《中国民族民间舞蹈集成·天津卷》，中国舞蹈出版社1990年版，第278页。

每每吸引纳凉的民众驻足围观。

　　我们每天晚上7点多都在（滨河世纪）广场上练习飞镲，队员也有不在周围住的，家离会里远的得有20多里地，但不管离得远近，晚上都来训练，白天训练就坐公交车，晚上就打的来。[1]

汉沽龙武飞镲队的排练时间一般也都集中在晚上。倘若接到飞镲的演出任务，比如圣火节，飞镲队会头会择定时间、场地，提前四五天每天晚上组织队员进行出会排练。如遇到较大的演出任务，排练时间便会加长，以保证演出效果。排练的时间并不固定，只是将演出时的套路打齐为准。假如飞镲队排练的是《敬香》的套路，则这段时间内只练习《敬香》，除非将其套路打齐，才会再排练另一个项目。

蔡家堡飞镲队也没有固定的聚会会所，以前会不定期地在蔡家堡的社区村委会聚首。如蔡家堡飞镲队遇有新会员加入或有演出计划，则多选择在汉沽区世纪广场上演练，时间通常是每天两个多小时。一般的临时性排练场所都在社区附近，遇到较大规模的飞镲演出如北京第十四届国际旅游节和天津第六届妈祖节时就去汉沽规划展览馆附近排练，而且排练时间约一周左右，而平时则不会常态性排练。

汉沽飞镲龙狮艺术团会所，队员王福生的家

目前来看，现存的汉沽12支飞镲队都没有正式的会所，会组织的表演器具

1.2013年8月19日，受访者：崔宝宾；采访人：史静、路浩。

飞镲艺人在社区空地练习

在学校操场练习飞镲的小学生

与服装等也大多放在会头家中保管。出会时，会员们到会头家中取表演器具和服装。根据以往传统，汉沽的飞镲队会在农历四月十八去景忠山"朝山"、许愿，农历十月十五还愿时也出会表演，届时会员可以聚在一起。如今，汉沽飞镲的参加者多以健身为主，有的飞镲队每周总要在广场上集体表演两三次，主要是为了锻炼身体。

飞镲的培训教练，往往由飞镲队队员一致认可的，且表演动作好又肯为飞镲队的事业服务和做贡献的人担任，尤其是他的飞镲动作需要得到队员认可。如飞镲队需要参加一次渔民的花会演出，所有的动作由教练编排，全体队员广泛提出意见，一致同意后，再根据表演的地点、场地的大小来编排动作。这是汉沽飞镲队进行练习时的一些习俗。

二、出会

汉沽飞镲出会大致可分为传统出会和受邀请出会两种情况，现在出会以受邀出会为主。尤其是一些新成立的会，以经济利益为目的，主要是出红白喜事。一些传统的飞镲老会较忌讳出红白喜事，如果是飞镲队的老会员故去，飞镲队或主动到过世的老会员家中表演，或在家属的要求下前去进行表演。

行会表演时分"前场"和"后场"。"前场"指的是飞镲表演，"后场"指的是鼓与钹、铙的演奏，"后场"只有演奏没有动作，而"前场"有大量的表演动作。因为飞镲表演来源于渔民的劳动生活，所以汉沽飞镲队都没有仪仗执事，只是有一面纛旗，上写会名，置于鼓的后面，是谓"纛旗殿后"。

飞镲队员整装待发准备入场表演

1. 出会时间

汉沽飞镲出会有传统的出会时间和非传统的出会时间。

传统出会时间主要是每年赴景忠山的两次庙会，农历四月十八去景忠山许愿，农历十月十五再去景忠山还愿。由于当地民间多信仰和崇奉三宵娘娘、火神、龙王以及管鱼的小神爷，且每年农历十月十五的出会时节正值渔闲时期，很多渔民会去景忠山朝拜还愿。因此，赴景忠山出会成为汉沽飞镲重要的传统出会日期。此外，如蔡家堡飞镲队除了去景忠山参加庙会外，还要参加蔡家堡当地社区的娘娘庙庙会。而汉沽龙武飞镲队近些年较少出席传统的庙会，只是参加政府主办的比较大型的演出活动和地方上的商业演出。如他们参加的国家首届圣火节的表演项目便是汉沽龙武飞镲队目前为止参加的最大的、最成功的表演活动。此外，当地的政府和部分媒体偶尔也会邀请他们出席一些公益性的演出活动，如"开海节"、"葡萄节"以及"汉沽飞镲节"等。因而这些活动也都是汉沽区各个飞镲队定期出会演出的机会。目前来看，汉沽区的飞镲队出会，仍然是以平时接手的商业演出活动为主，目的也是赚取一些额外的演出收入，比如受一些商户开业的邀请进行踩街表演等，或受一些红白喜事的邀请进行表演等。

2. 出会地点

旧时飞镲表演是在出海渔民的渔船上。渔民出海时，将鼓、钹、铙、镲带上船，便在船上进行表演。后来，飞镲表演的传统出会地点往往是在渔民的本村，选在海边由蛤粉堆积的沙滩地面上出会。出会表演时，比较大的村子或社区的飞镲队如蔡家堡飞镲队可以自成一会出会，其他小的村子或社区的飞镲队也可以组成一道会来出会。如蔡家堡、高坨、土桥、王家大堡等四个村子曾组成过一道会。各会都由会头负责组织。

飞镲每年重要的景忠山庙会的出会，则是在景忠山大殿外的场地上进行。飞镲表演时具有一定的危险性，所以飞镲对于场地也有一定的要求。

通常在表演之前，飞镲队要进行"打场子"，即把表演的场地用飞镲表演的方式圈定出来。由于行政区划的变更，如今的汉沽区已经隶属于天津市管辖，不再属于河北省唐山市。而景忠山仍隶属于河北省唐山市，其庙会的吸引力也已经渐渐淡化。如今，除了商业演出外，汉沽区大多数飞镲队已经越来越少去参加像景忠山这样的庙会演出。除蔡家堡飞镲队定时在本村的娘娘庙庙会出会外，汉沽龙武飞镲队近年也只是参加东丽区大宋庄每年正月十六的娘娘庙庙会。至于历史上诸如农历三月二十三天后宫皇会这样的大型传统庙会，汉沽地区的飞镲队从未参加。然而近些年，由于政府对天后宫庙会的大力恢复，龙武飞镲队有幸成为天津皇会老会群体中唯一的一支汉沽飞镲队。

如今舞台已成为汉沽飞镲的主要表演地点

　　如今的汉沽飞镲已经演变为一种群众性的娱乐和健身活动，不再有固定的出会地点。作为一种广场艺术，表演时需要更大的场地，所以，现在的汉沽飞镲表演多在公园和市区的广场上进行，同时也被搬上了舞台和银幕。

3. 出会顺序

　　以每年去景忠山供奉三宵娘娘的"碧霞元君庙"朝山进香还愿时的出会方式为例，汉沽飞镲的出会仪仗队伍在行进过程中，其表演顺序通常为：飞镲表演者（即前场）行走在前面，鼓、钹、铙表演者（即后场）行走在后面，鼓在中间，钹、铙在鼓的两边，飞镲队的最后方是会里的纛旗，也叫"大座旗"。这是整个汉沽飞镲队出会演出时的出会顺序，亦即其出会表演时的方阵结构。各会由会头领头组织，会头多是本村的"头行人"，也就是有威望的人。过去，经常由保甲长担任。每道会共有八个负责人，他们是：会头二人，香头二人，锣头二人，官府二人。会里的事情均由他们共同商量决定，再由会头出面支应。出会的仪仗，由两位锣头手持两面锣打头开道。后边是两面红地镶绿牙边、上写"娘娘会"三个大字的大三角门旗。门旗后，是若干对各色三角会旗——其中，有的会旗是公用的，有的是"许愿者"绣的。会旗后边是飞镲行列：四人执镲，名为"八扇"，再后面是两铙一鼓。鼓的后面，是两位香头，一位举着画有"三宵娘娘"头像的"大纸"（过去当地将画有神像的画叫做"大纸"），称为"娘娘驾"；另一香头背着香，两位官府护卫在娘娘驾两旁，身后背着一根二尺多长、两寸多宽的四楞木棍，称之为"神棍"，棍子上粘着红帖，上写"景忠山进香"。据传说，神棍是娘娘赐的，代表着最高的权力。因此，背神棍的"官府"是总会头。娘娘驾的后边是三角形的大座旗。两位会头手拿小旗前后维持队伍秩序和对外联络。起会的前几天，"娘娘驾大纸"供奉在总会头，即官府的家里。"发驾"时，所有人都跪下，由香头带领大家"号佛"：香头拉着长音高喊"阿——弥——"，大家应声齐呼"陀——佛——"。"号佛"毕，由会头们宣布注意事项，摆好队形起驾。行进路线，就是围着村前屋后，挨街串巷穿行。串街时，飞镲敲打《长量》点，一般不加舞蹈动作。在"打场"表演时，才舞动飞镲，可根据情况打《吵子》《进香》鼓点。最后到娘娘庙（没有娘娘庙的村落，就到村头小庙即土地庙）外，飞镲队十分热烈地敲打舞动一番，然后，将娘娘驾烧掉，称之为"烧驾"，再由香头带领大家"号佛"。仪式结束后，全体人员到会头家吃饭，整个出会活动即告结束。[1]

　　新中国成立后，每年前往景忠山朝山敬香的传统慢慢消失，飞镲的宗教性逐渐减弱，表演性逐渐增强。如今，飞镲将表演作为出会的重中之重，已经很难再看到飞镲队行会的场面。

1.中国民族民间舞蹈集成编委会：《中国民族民间舞蹈集成·天津卷》，中国舞蹈出版社1990年版，第276页。

三、会规

旧时飞镲队去景忠山庙会演出，由于民间迷信，对前往表演的飞镲队队员通常会有一些不成文的要求：第一，不能想家。去表演即是去还愿，到达后正常进行飞镲的表演，不能有想家的念头。第二，要耐得住苦。旧时前往景忠山还愿特别辛苦。飞镲队出发的前几日，会头会组织飞镲队员进行练习。传统的飞镲队出会前，有的也会有许多讲究，如"开始吃斋，不动荤腥；不许说不吉利的话；不许夫妻同房。进香队伍出发后，家里的亲属每天都要烧香，直到队伍回村为止。在旅途中，无论吃饭、住店、起会都要'号佛'。住店时，要把娘娘驾供奉起来，焚上香烛。到庙烧香还愿时，飞镲队在殿外'打场'都精神十足，非常虔诚。"[1] 倘若是去景忠山还重愿，还要光着膀子，挽着裤子，背着一个套车的马鞍子，像牲口一样去还愿。赶路时一天都不得休息，只有住店才可以歇息，这也是还愿的规矩。那时赶路吃的食物是大白薯、棒子（玉米）粥、棒子饽饽等。因此，旧时参加飞镲队，去庙会表演的艺人需要吃许多苦。

此外，在汉沽地区表演飞镲的艺人观念中，曾有一个很保守的行规，即女性不能玩飞镲。因为飞镲最早是在行驶于海中的船上表演，妇女船都不能上，当地人讲究：妇女上船船翻，这个传统是汉沽地区的一种"妈妈例儿"。但随着现代社会观念的开放，女性不仅可以上船，而且也可以表演飞镲。有的飞镲队全都是女会员，因为农村中的女性有更多的业余时间从事飞镲练习和表演，这一"妈妈例儿"已经不复存在。

如今的汉沽飞镲队众多，每个飞镲队都有不同的会规。总的来说，一般会对会员的品行有一定的要求。以汉沽龙武飞镲队为例，该队有自己

1.中国民族民间舞蹈集成编委会：《中国民族民间舞蹈集成·天津卷》，中国舞蹈出版社1990年版，第277页。

明确的会规要求：第一思想品德好，孝敬父母，尊老爱幼，无偿地向社会传授技艺。第二，不允许私自转会（转到别的飞镲队），不准私自离队。因为飞镲队的技术比较全面，飞镲队老艺人教授会员付出了许多辛苦，如果飞镲队员擅自离会，对于飞镲队是一种伤害。龙武飞镲队有特殊的规定，即如果队员参加大型的演出活动，必须征得会长的同意，会长同意后队员才可前去。如果是小型的演出活动，如其他飞镲队缺少队员需要救场，则不会限制。实际上，飞镲队里最重要的就是飞镲队员，只有留住会员才可谓有会。第三，出会之前不能喝酒，排练时候也不允许喝酒。因为饮酒后队员在表演飞镲时会不自觉地增加气力，一旦疏忽失手，容易把观众或自己砍伤，危险性极大。另外，饮酒也会使心率加快，加上剧烈运动呼吸调整不好，也容易出现意外。第四，如果有老队员退役，飞镲队将继续招纳新人。对于会员的年龄，龙武飞镲队也有自己的规定，因为飞镲的表演动作比较激烈，年龄大者已经无法完成腾挪运转的高难度飞镲动作。因此，会员的岁数不能过大，年满65岁应当自动退役。第五，对于本会的演出器具如鼓、铙、服装等，不允许队员私自带走。即使队员退会，之前入会时所集资置办的器具也不能带走，对于集体出资平摊的任何东西都不可以拿走。此外，龙武飞镲队对于飞镲表演的专门服装也有特别的规定，即个别队员个人出席一些丧事的飞镲表演时，是严格禁止其穿着本会的表演服装的。

汉沽区的金龙飞镲队也有自己的一套会规。现任飞镲队会头赵满宗将本队队规总结为两个字："镲德"。会规要求，出会时需要服装统一，语言美，场合举止要得体。"镲德"包括不能互相结党、踩压。因为汉沽飞镲队众多，有时也出现某个飞镲队的队员看其他飞镲队发展得好，便加入到其他飞镲队参加表演的情况。防止这种情况发生，一是靠自觉，二是靠会规的约束。

　　相比较前两个飞镲队，汉沽高庄飞镲队则没有特别详细的会规。高庄飞镲队对队员的基本要求是：外出表演飞镲的时候要听从会头的指挥，倘若违规，则会罚款或开除。此外，飞镲表演的动作必须听从队里教练的编排，不能私自改变。

　　如今，由于飞镲队参加表演的都是现代的娱乐活动，因而不再有传统出会时的规矩和讲究。再者，因其强身健体的群众性娱乐特点，汉沽地区飞镲队的艺人们也逐渐认识到，规矩越多可能造成的矛盾也会越多。因此，现在的汉沽各个飞镲队之间，由于商业演出的需要，也时常会出现各队会员相互流动现象。只是在受邀演出时，飞镲队通常要尊重活动主办方的制度和一些要求。此外，还有一个重要的问题就是出会活动时的安全问题。飞镲表演时，镲片飞舞起来后若未接好，因离心力的作用镲可能会飞出去，由于镲的惯性力量很大，容易伤及观众。所以飞镲队在表演前通常要提前检查飞镲和所有的表演器具，如检查镲与镲扣以及缨子之间的结实程度，以防出现安全问题。可以说，现在的飞镲习俗已经跟过去大不一样了。

四、会与会的交往

旧时，去景忠山庙会出会时，各小村庄的飞镲队会联合起来组成一个大的飞镲队出会，这也是汉沽飞镲的一个传统。尽管每个飞镲队之间存在彼此竞争的问题，也存在相互较量的情况，但是在有些出会场合，各飞镲队之间也要联合起来一起登台表演。

旧时天津皇会的各个老会都有各自的图章，在皇会开始时，彼此互相递换会帖，以示尊重。而汉沽地区各飞镲队之间没有交换会帖的习俗。据高庄飞镲队的会头刘洪生介绍，飞镲队曾去天津西郊杨柳青演出，当地的演出老会曾向其提出过"换会帖"之事，这既是礼节也是会与会之间交往的一个形式。汉沽地区的飞镲队无此习俗。只是高庄飞镲队有演出任务时，他们会递送自己的演出"喜帖"，如在过年期间，高庄飞镲队去其他村庄表演时，就会用红纸写上高庄飞镲队何时去演出的事宜，这也是一种礼节。

汉沽龙武飞镲队是将自己的演出照片制作成彩色的宣传单作为自己的会帖，便于交流和宣传之用。后来，因为参加天津皇会演出的需要，龙武飞镲队会头高景留专门用红纸制作了"龙武飞镲老会"的会帖，显得正式且符合皇

2009年高庄飞镲队合影

会的文化传统。现在，随着时代的发展，汉沽地区的各个飞镲队会头与成员都有自己的名片，所谓的会与会即各个飞镲队之间在交往时只需交换名片即可。

汉沽地区的各飞镲队彼此有着互相往来。如前文所述，飞镲队之间的交往主要表现在飞镲队队员之间的相互流动。如某个飞镲队人手不够时，别的飞镲队的会员还可以搭手支援。飞镲龙狮艺术团就与高庄飞镲队、看财女子飞镲队、崔兴沽飞镲队有着不错的关系。汉沽龙武飞镲队不仅与高庄飞镲队、看财女子飞镲队、李自沽的飞镲队关系融洽，而且与武清区的王庆屯飞镲队、杨柳青的舞龙队、河西的舞狮队、大宋庄的宝辇老会等都有着十分良好的关系，彼此间偶尔会有演出的合作。

有些飞镲队在外出表演时，还可以组成一个飞镲队出会。比如蔡家堡飞镲队和金龙飞镲队就曾经组成一个队出会。虽然两个飞镲队的表演动作有所差异，但是经过短时间的训练，很快就能配合到一起。当然，一般都是两个关系比较好的飞镲队才能组成一个队进行出会。如龙武飞镲队是相对完整的飞镲队伍，而像这样较为正式的队伍较少。汉沽地区有的飞镲队尽管是其本村社区的队伍，但有时候进行飞镲表演时，其后场（敲鼓的和打铙的）还需要借其他飞镲队的队员来补充。因此，临时组建的飞镲队前场、后场分别找人替补的现象十分常见。

汉沽地区农村的飞镲表演，一般后场的演出都是找城里的飞镲队员替补。因此可以认为，汉沽地区目前的12支飞镲队之间的交往主要是会员之间的交往。按如今的商业演出原则，接到飞镲演出项目的人通常负责临时组织演出队伍。这样一来，能够组成一个飞镲队的人员都是彼此间相对熟悉、相互信任，能够团结成一个集体的人。

五、会与民商的关系

旧时汉沽飞镲出会的费用，多是由各个渔村的村民共同集资，出会后剩余的钱再返还给村民。现在的飞镲队由于多是群众自发组成，且常常会有许多商业性的演出机会，因此已经很少再有专门的民商给予资助。现在的汉沽飞镲表演，一般是由各飞镲队本队的队员集体出资作为飞镲队的活动资金。由于飞镲队参与的商业演出活动较多，因此大多数的飞镲队是将自己的商业演出所得充实本会的经费。此外，也有个别飞镲队有自己的经纪人或是出资人负责管理本会的演出活动，这些出资人一般也会成为飞镲队的会头或队长，负责联系飞镲队的各种商业演出活动。飞镲龙狮艺术团是汉沽区第一家申请营业性演出许可证的演出团体，成立了天津市飞镲龙狮艺术团有限公司，法定代表人为书记王福生，主要负责人为团长崔宝宾。之所以将过去的飞镲队变为如今注册公司的形式，主要是考虑到老一辈的表演者在表演飞镲的时候缺乏组织性，而形成有一定规模的演出团体便于制定规章制度，也便于资金的使用与管理。如果是行政企事业单位、村或社区组织的飞镲队，通常由单位和村委会给予一定的资金扶持。

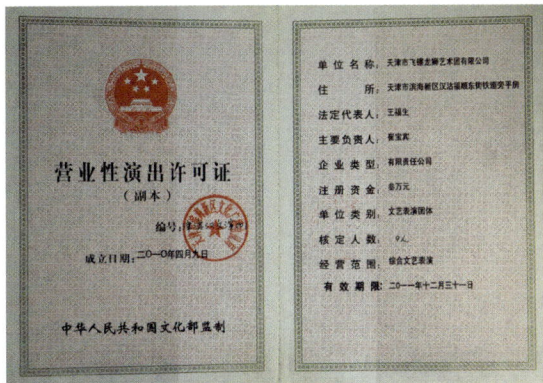

龙狮飞镲艺术团的营业性演出许可证副本，如今申请注册公司已成为飞镲队组建的一种新形式

汉沽龙武飞镲队的活动经费都是会员自发集资的。一般表演用的镲需要队员自己买，而如果镲损坏，则由飞镲队队员集资出钱购买。龙武飞镲队有队员专门负责会费的财务

管理。比如飞镲队出会演出，获得的演出费用就由队里选出的具有一定威信的队员保管。会费主要用于购买演出所需的乐器、服装及其他相关杂项。

蔡家堡飞镲在"文革"以前，一直都是由生产队负责主持飞镲表演活动。"文革"后，由于实行家庭联产承包责任制，渔船基本都分配到村民个人手里，这样一来，过去的飞镲表演资金就没有人再负责组织和牵头筹措。后来，蔡家堡村委会有意恢复飞镲的表演活动，便由村委会支出一定资金购买镲、铙、鼓以及服装等，用于扶持蔡家堡飞镲队。

高庄飞镲队的活动资金最初由东尹乡的乡党委书记刘春奇个人出资两千元钱帮助扶持。刘春奇从天津钟锣场买来镲、铙，又从汉沽百货公司买来鼓。现在飞镲队的活动经费由所在村委会负责资助。2002年，高庄村村委会出资五千余元在唐山购买鼓用于飞镲队的演出活动。

企业单位如以前的汉沽盐场四分厂，就曾以飞镲艺人高廷言为首组织过飞镲队。现在的盐场如渤海化工集团长芦汉沽盐场的飞镲队则由盐场出资扶持组织活动。此外，政府为确保汉沽飞镲保护工作的开展，还设立了专项资金，制定了飞镲项目保护的年度规划及详细的资金使用预算，对汉沽飞镲也给予了政策上的扶持。汉沽区文化局为扶持汉沽飞镲这项国家级非物质文化遗产，还建立传承人（地方性）奖励基金、基层队伍活动基金以及文化研究成果奖励基金等，用于支持汉沽飞镲的发展。同时，汉沽区文化局还为常年有活动的队伍配置相应的器材，并给予一定比例的更新费用。特别是为有成绩的飞镲表演队伍创造条件，提供活动场地和费用补贴。同时，为使汉沽飞镲与当地的基础教育、街镇工作相结合，文化部门也多方筹措资金，用于举办汉沽飞镲大型交流展示会、元宵节飞镲花会展等交流和展演活动。

第三章

程式与技艺

一、曲目

汉沽飞镲的鼓点，主要有《吵子》《敬香》《幺二三》与《长量》四种。旧时还有一段鼓点称之为《磨镲》，其鼓点为"镲，镲，经镲起个经镲，经镲起个经镲"。这段鼓点通常与《敬香》结合，是《敬香》打完之后的缓冲，为表演者提供休息的时间，称之为"落点"。《磨镲》这段鼓点近几年已经很少被单独提及。鼓点的传授没有谱，都是靠口传身授，以至于发展到今天，各飞镲队的鼓点虽然都有着相同的名字，节拍旋律整体上十分相似，但在细节之处却有诸多不同。

高家堡子村高廷言老先生表示，这些鼓点是庙中的和尚给取的名字，据其口述：

> 念佛了要肃静，慢点的打《敬香》。烧香磕头完了，要热闹
> 热闹，就打起《吵子》来了，那时候打镲就是你打"过脖"，他打
> "掏腿"，他打"蹲儿"，他打"立"，各打各的。这都是人家和
> 尚给起的名字。后来老人又来打个《长量》，为啥叫《长量》呢？
> 就是上山去，人堵塞，走不开了，但不停，由《吵子》掐头去尾打
> 中间，人们给躲道。[1]

这几段鼓点之中，最主要的旋律就是《长量》。《长量》的基本鼓点

1.2013年11月3日，受访者：高廷言；采访人：路浩、王拓。

为"镲经镲，起个经镲，镲经镲，起个经镲"。这是一个连接点，虽然只是四拍的小乐句，但在演奏时可以无限反复，鼓可以随意加花，在整个舞蹈和音乐中能起到承上启下的作用。特别是在队形走动、休息时通常会使用这一段鼓点进行过渡，敲奏没有时间的限制，鼓点也较为随意。任何点打完后都可以接《长量》点，如《吵子》《幺二三》等。

《吵子》的基本鼓点为"经经镲，经经镲，经经镲镲一镲一，镲镲一镲一"。在实际的表演中，《吵子》不会单独敲打，这段鼓点通常会在《吵子头》与《吵子尾》中得以体现。《吵子头》与《吵子尾》为《吵子》与《长量》这两段鼓点融会贯通的代表。《吵子头》如今在汉沽飞镲的表演中有着非常高的使用频率，经常会作为队形表演的开场使用。《吵子尾》是打完《吵子》和《长量》后的结束乐句，但在如今的表演中使用频率并不高。《吵子》有头有尾，节奏清晰，有着加强欢快热烈气氛的效果。

《吵子头》从起鼓开始，首先为压棒点"咚咚镲，个镲，个镲，镲经镲，起个经镲，镲经镲，起个经镲，镲个起个，镲个起个，镲镲经镲起个经镲"，压棒点中的"镲经镲，起个经镲"为《长量》点，可以无限反复，然后跟着有两棒鼓"镲个镲"，随后是《吵子》的鼓点"经经镲，经经镲，经经镲镲一镲一，镲镲一镲一"，在一棒鼓"镲"后，跟着的鼓点取自《长量》鼓点的后半段，敲打三遍，称之为"三呼"——"起个经镲，起个经镲，起个经镲"，随后再返到《长量》点，无限反复，通过表演者的手势告知鼓手与铙手改变鼓点，即"叫点"与"收点"，叫点的鼓点返到《吵子》，收点的鼓点为"镲，镲，经镲一个经镲"。

《吵子头》的全部鼓点为："咚咚镲，个镲，个镲，<u>镲经镲，起个经镲，镲经镲，起个经镲</u>，镲个起个，镲个起个，镲镲经镲起个经镲，镲个镲，经经镲，经经镲，经经镲镲一镲一，镲镲一镲一，镲，起个经镲，起个经镲，起个经镲，<u>镲经镲，起个经镲</u>，经经镲，经经镲，经经镲镲一镲一，镲镲一镲一，镲，起个经镲，起个经镲，起个经镲，镲，<u>镲经镲，起个经镲</u>，经经镲，经经镲，经经镲镲一镲一，镲镲一镲一，镲，镲，经镲一个经镲。"（其中标有下划线的鼓点可以随意反复与加点）

《吵子尾》的鼓点为"个镲，个镲，<u>镲经镲，起个经镲，镲经镲，起个经镲</u>，镲个起个，镲个起个，镲镲经镲起个经镲，个镲，个镲，镲镲经镲起个经镲，经经镲，经镲起个经镲，镲个经镲起个经镲，经经镲（镲镲镲）"（其中标有下划线的鼓点可以随意反复与加点）。值得一提的是，《吵子尾》在当下的表演中基本不再使用。

《敬香》是汉沽飞镲的核心鼓点，在编排中有着非常广泛的使用。《敬香》这段鼓点节拍明显，节奏感强。镲的舞动、队形上大的调度与调整，包括双人、四人对打等激烈的动作都在《敬香》鼓点的无限循环中得到了体现。《敬香》的基本鼓点为"咚个隆咚起个隆咚，咚个隆咚起个隆咚"，铙的点为"锵个经锵一个经锵，锵个经锵一个经锵"。《敬香》的收点鼓点为"香一，香一，香个香个敬香一个敬香"。其中，"香一，香一"为镲击出的声音，带动着鼓手与铙手一起完成后续的节拍。这段鼓点在老一辈艺人的记忆中常被表述为"想你，想你"。另外，在敲奏《敬香》的时候，铙手不允许擅自加点，鼓手可以在节拍与飞镲动作相契合的前提下随意加点。

《幺二三》是造气氛的音乐，"幺二三"，即"加油"的意思。高家堡子村村民认为这段鼓点是朝山时最为振奋人心的鼓点，表演起来也最消耗体力。因这段鼓点的最开始需要连敲三下鼓，《幺二三》也叫做"击鼓三音"、"三棒鼓"。《幺二三》的基本鼓点为"镲，镲，镲镲镲"，也可记作"镲镲一，镲镲一，镲个经镲起个经镲"。

《幺二三》正式的表演中，通常会融合《长量》的鼓点，其打法主要有三种，较为传统的打法由鼓先开，其主要鼓点为"咚咚咚，镲镲一，

镲镲一，镲个镲个经镲起个经镲，镲经镲，起个经镲，镲经镲，起个经镲，镲镲一，镲镲一，镲镲经镲起个经镲，镲经镲，起个经镲，镲经镲，起个经镲，镲镲一，镲镲一，镲镲一 镲镲经镲起个经镲"。后来，表演者又将《幺二三》与《长量》《吵子》的鼓点融合起来，形成了新的《幺二三》的打法，其主要鼓点为"镲经镲，起个经镲，镲镲一，镲镲一，镲个一，镲个一，镲镲镲，镲经镲，起个经镲，镲经镲，起个经镲，镲镲一，镲镲一，镲镲一，镲镲经镲一个经镲"（其中标有下划线的鼓点可以随意反复与加点）。可以看出，《幺二三》的鼓点在"叫点"中，均为两遍"镲镲一"，在"收点"的时候，以三遍"镲镲一"为信号。第三种打法融合了上述两种打法，传统的打法打一番，新的打法打一番，最后收点。

上述几段鼓点是高家堡子村流传下来的，为汉沽城区中的诸多飞镲队所采用。与此同时，汉沽的村庄中也有一些飞镲队，其鼓点、动作与汉沽城区相比各有千秋，蔡家堡飞镲队与高庄飞镲队为其中的代表。

蔡家堡村的赵家岭先生认为，蔡家堡飞镲的鼓点是由打渔的一些动作演化而成的：

> 起网的鼓点就叫《草子鼓》（即《草子》），也叫作《草上飞》。刚开始《草字鼓》有三个部分，上面的是"草子头"，中间代表着太阳，底下是一个十字的"草子尾"。那时候鼓点可以鼓舞干劲，节奏比现在的要慢一些，鼓点的头和中间还有，但是"草字尾"有点找不到了。还有一个祭天、祭海、生纸的鼓点，叫《敬香》，比《草子》要悠扬一些，带有欢乐的气氛。[1]

从中可以看出，《草子》的鼓点应该写作"草"，与高家堡子相区别。

蔡家堡村的飞镲，主要曲目只有《草子》和《敬香》，并没有《幺

1.2013年11月4日，受访者：赵家岭；采访人：路浩、王拓。

二三》。在鼓点上，蔡家堡村也显得独树一帜，《草子》的基本鼓点为"镲经镲，起个经镲"，《敬香》的基本鼓点为"镲个经镲一个经镲"。

蔡家堡村《草子鼓》对于《草子头》与《草子尾》并不作区分，开头以四棒鼓起，其全部鼓点为"咚，咚，咚，咚，咚咚咚咚起个一个咚咚起个一个，咚，咚，咚咚一个咚咚，咚，咚，咚，咚个一个咚，咚个一个咚，咚个一个咚，咚个一个咚咚，咚个一个咚咚，咚个一个镲镲，经镲一个经镲，镲镲镲，镲镲镲，镲镲镲，镲镲镲镲一个，镲镲一，镲，镲，经镲一个经镲个镲经镲个一个经镲，一个经镲，镲镲镲个一个经镲，镲，镲，镲镲一，镲镲一，镲镲一，镲，镲个经镲一个经镲"。

另外，蔡家堡在曲目的编排上也将《长量》收入其中。《长量》的鼓点为"镲经镲，一个经镲，一个经镲"，也可以表述为"一个经镲，一个经镲，镲经镲"。

高庄村的飞镲，主要曲目有《敬香》《吵子》《幺二三》与《十三帆》。通常以《敬香》作为开场，《吵子》主要用于打点，动作较少；而《幺二三》和《十三帆》两段鼓点则包含了高庄飞镲中的大部分动作，同时《十三帆》也起到了压场收势的作用。

《敬香》的基本鼓点为"经锵一经锵，经锵一经锵"。而在表演中，通常会敲成"锵个经锵一经锵，锵个经锵一经锵"。

《吵子》的基本鼓点为"相相相，相相相，相相相相相，相，相个经经，相个经经"。其中，"相相相，相相相，相相相相相"这段鼓点之后的"相"，称之为"顿点"。

《幺二三》是高庄飞镲中相当重要的一段鼓点，有许多特色鲜明的动作融入其间。《幺二三》的鼓点为"咚咚，<u>咚咚咚咚起个隆咚</u>，镲镲一，镲镲一，镲镲经镲一经镲，镲一个经经，镲一个经经，镲一个经经，<u>镲经镲经镲经</u>，镲镲一，镲镲一，镲镲一，镲一个经经，镲一个经经，镲一个

经经（无限反复，一般打三次）， 镲镲一，镲镲一，镲镲一，镲镲经
镲一经镲"（其中标有下划线的鼓点可以随意反复与加点，没有次数
限制）。

《十三帆》这段鼓点为高庄独有，据高庄飞镲队的队员刘洪生讲
述，这段鼓点大概创作于民国年间，与之配合的动作诸如"分水行舟"、
"跳跃起帆"等亦为高庄独有动作，在汉沽城区与其他村庄中无从得见。
《十三帆》的鼓点为"咚咚起咚起个隆咚，咚了个咚了个咚了个咚了个，
镲镲一镲一经镲，镲了个经经，镲了个经经，镲经镲经，镲了个经经，镲
了个镲了个镲了个镲了个，镲镲一镲一经镲"（其中标有下划线的鼓点可
以无限反复，没有次数限制）。

二、表演动作

在表演飞镲之前，需要将一部分镲缨缠绕在手上，当地人称之为"网镲"。"网"字为音译，是当地的土语，意为缠绕、绑住、系住。

网镲的方法共有四种：

第一种，手心向上，使缨子从虎口处进入，从无名指与小拇指之间穿出，找合适的距离，将缨子压在手腕内侧的位置，手从镲与缨子之间穿出，形成一个扣，并使掌心刚好能够握住镲。这种网镲的方法较为传统。

第二种，掌心背对镲，使缨子从食指与中指之间穿过，找合适的距离，将缨子压在手腕内侧的位置，手从镲与缨子之间穿出，并使掌心刚好能够握住镲。

第三种，这种网镲的方法是为"文镲"服务的。所谓"文镲"，是指飞镲表演者的腿部动作较少，上半身的动作较多，蔡家堡飞镲队即为"文镲"的代表。这样网镲的目的是放长缨子，使其能够在舞镲的时候有更大幅度的摆动，舞出"缨子花"，俗称"玩儿缨子"。掌心背对镲，使缨子从食指与中指之间穿过，将缨子从手腕内侧的位置，绕手腕一圈，使掌心握住镲。

第四种，这种网镲的方法是为"武镲"服务的。主要看的是飞镲表演

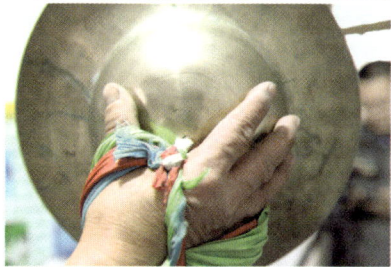

第一种网镲步骤

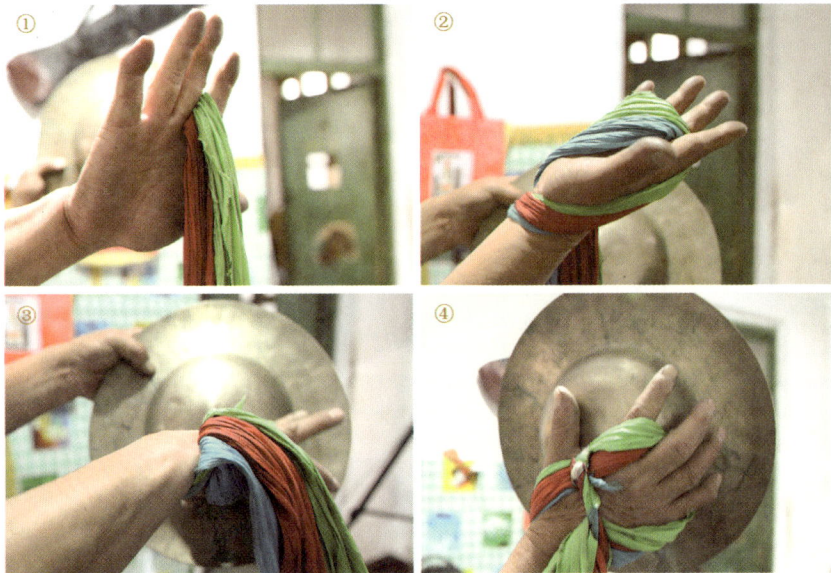

第二种网镲步骤

者的动作，如"古树盘根"等，缨子长度太长容易缠到身上，影响动作的完成度，所以要将缨子放短。掌心正对镲，使缨子从食指与中指之间穿过，将缨子从手腕外侧的位置，绕手腕数圈，直至缨子收到合适的长度为止。

无论是哪一种网镲的方法，都需要遵守这样的原则：缨子与手、镲的距离要适中，缠紧了会影响手腕抖动，缠松了则无法灵活地操控飞镲。

1. 镲的基本打击方法

(1)合击镲：表演者双手持镲，镲碗相对，镲沿相击。所谓镲碗，指的是镲凸起的部分，因其形如一只碗，故而得名。合击镲按照击打时飞镲所处位置，可分为头顶合击镲、胸前合击镲、腹部合击镲、背后合击镲、左（右）腿下合击镲、侧身（即左侧或右侧肩上位置）合击镲。

(2)磨镲：表演者双手持镲于腹部与胸部之间的位置，一只手在上，另一只手在下，镲碗相对，镲沿向上轻触发出细小声音，双臂保持半屈，

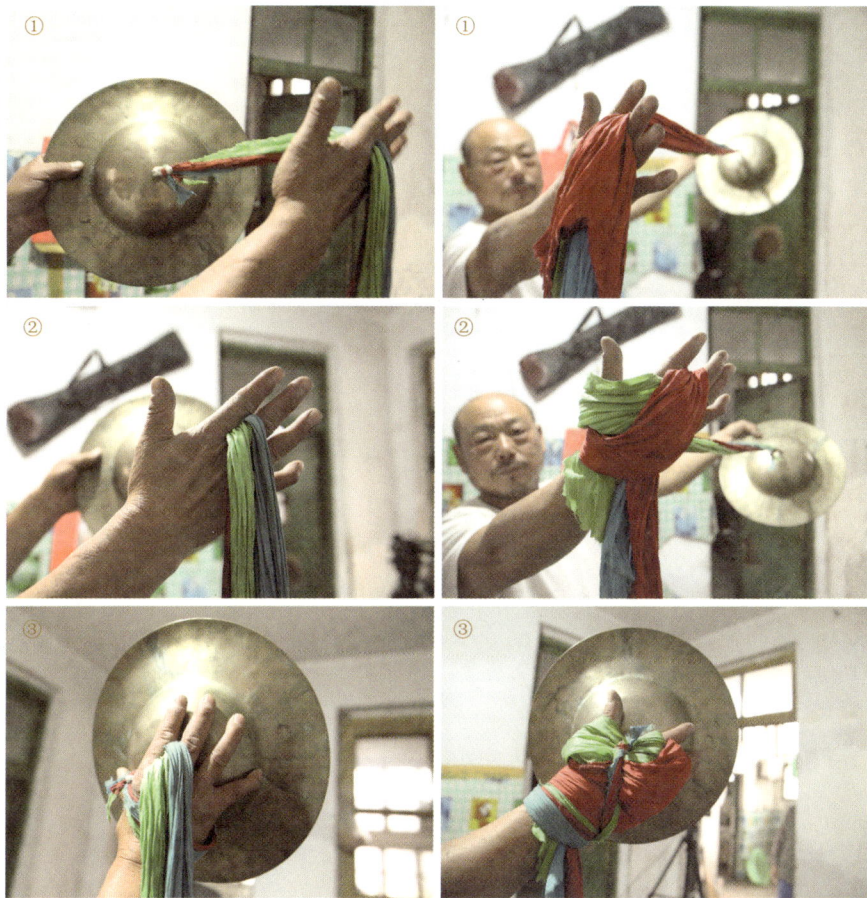

第三种网镲步骤　　　　　　　　　第四种网镲步骤

而后左右滑动双镲形成摩擦直至两镲错开为止，同时，脚下要求的步法为"丁字步"。另外，表演者也可以在行进中磨镲。

（3）掏镲：传统上的掏镲要求表演者双手持镲，双臂略屈，上下起伏挥动，带动缨子飞舞摆动，双镲在胸前位置交会，亦可相互摩擦发出声音，向上挥动的手臂超过头顶位置，缨子要甩到空中，向下挥动的手臂自然下落并向后甩。

背后合击镲

(4)分镲：分镲的动作通常在合击镲动作完成后作为伴随动作出现。在合击镲完成后，表演者双手持镲一边抖着腕花一边使镲分开，至两臂自然伸直时停止。

(5)撩击镲：表演者双手持镲于腹部或是胸前位置，镲沿向上相击，即"合击镲"，在该动作完成后，双臂顺势向上撩起。

(6)甩击镲：表演者双手持镲于腹部或是胸前，镲沿向上相击，即"合击镲"，在该动作完成后，双臂顺势向下分开，做出甩动的样子。

2.**基本步法**

汉沽飞镲的表演动作融入了非常多的武术元素，其中就包括了武术中经常用到的一些基本步法，如丁字步、马步、倒插步、弓箭步、扑步、坐盘步、蹲步、虚步等。另外，高家堡子村的飞镲表演者曾经使用过一种叫作"鸭子步"的步法，类似于前苏联杂技团做过的一种动作，属于丑角的动作。表演者保持身体蹲着的姿态，在行进过程中，双腿交替向前蹬直，但这种步法在如今的飞镲表演中已经消失不见。

磨镲

掏镲

分镲

撩击镲

甩击镲

3.飞镲的基本动作

传统上的飞镲表演动作，也在团队表演中广泛使用。

(1) 磨镲：磨镲既是镲的基本打击方法之一，也是飞镲表演的基本动作。

(2) 掏镲：掏镲既是镲的基本打击方法之一，也是飞镲表演的基本动作。

(3) 怀中抱月（也称"抱月"）：表演者双手持镲，镲碗相对，做"胸前击镲"的动作，而后做"分镲"的动作。

(4) 掏腿：合击镲的一种，于表演者的左（右）腿下合击镲。

(5) 背后击镲：合击镲的一种，于表演者的背后合击镲。

(6) 悠镲（也称"晃镲"）：表演者双臂在身前立圆一周，而后右弓步，双手在一侧，一手屈肘位于头的右上侧，左手在右肘的下部。

(7) 单过脖（也称"苏秦背剑"）：表演者左手在后腰的右侧，右手持镲，镲碗冲天空，在头的左上方。

(8) 双过脖：表演者双手交叉，向上抬至头上，至脑后分开，顺着双耳两侧拉臂到胸前或是腿下做"合击镲"。

(9) 打蹲儿：表演者双手持镲，于腹部做"合击镲"，而后步子与肩同宽，做"分镲"的动作，再将两镲"撩"至头上方，两臂伸直，镲碗冲上，随后双臂拉回，表演者顺势蹲下，做"分镲"动作，镲碗向下。打蹲儿分为前、后、左、右、转体与翻跟头等不同位置。

(10)燕子抄水：表演者以侧弓步开始，双脚蹬地跳起，落地后步法变为扑步，向下塌身的同时身体向前滑动，两臂伸直，一臂向上一臂向下，伴随身体的摆动。同样的动作做三遍叫作"燕子三抄水"。

(11)古树盘根：表演者双手抖着腕花，顺势下蹲，扭转身体一周，双手擦着地面，步法转变为坐盘步，一手在身前，一手背在身后。

(12)插花盖顶：表演者拉开一个架势，步法为侧弓步，一手直臂在前略低于肩，一手屈臂在后略高于头。双手交叉举过头顶，到脑后双手分开，双臂从两耳拉回身前。

掏腿

悠镲

单过脖

打蹲儿

双过脖

4. 个人动作

汉沽飞镲的表演动作，在传统动作的基础上，经过几代飞镲表演者的规范与创新，与武术动作，特别是形意拳的动作相结合，创造出了许多新的动作。这些动作要求表演者具有较高的武术功底与飞镲表演功底，因此在队形表演中并不会将这些动作融入其中，一般用于单人、双人、四人表演。这些动作也根据武术的名称予以命名。

(1) 插花盖顶：该动作既可以作为基本动作在集体表演中使用，也可以作为个人动作使用。

(2) 燕子抄水：该动作既可以作为基本动作在集体表演中使用，也可以作为个人动作使用。

(3) 古树盘根：该动作既可以作为基本动作在集体表演中使用，也可以作为个人动作使用。

(4) 怀中抱月：该动作既可以作为基本动作在集体表演中使用，也可以作为个人动作使用。

(5) 张飞骗马：表演者在"打蹲儿"后，回身一周，于空中时在腿下"合击镲"。

	3
1	4
2	

1. 插花盖顶

2. 燕子抄水

3. 古树盘根

4. 怀中抱月

张飞骗马

缠头裹脑

脑后摘盔

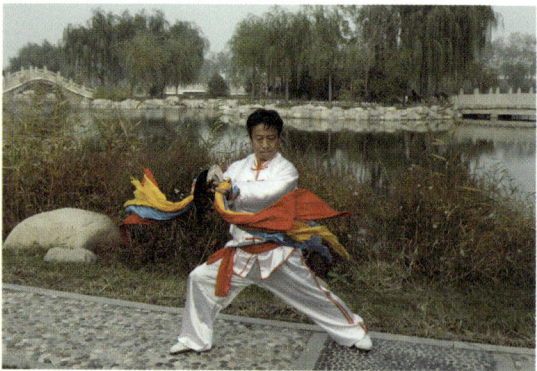

童子拜佛

（6）缠头裹脑：表演者先右手后左手，或是先左手后右手绕着头转，做缠绕状，最后双手在腹部"合击镲"，而后双手分开，镲碗一上一下。

（7）脑后摘盔：表演者双手依次由脑后到脑前环绕，最后在腹部位置"合击镲"。

（8）童子拜佛：首先表演者做出"亮式儿"的动作，在"双过脖"动作之后，在胸前"合击镲"。

（9）苏秦背剑：表演者一只手持飞镲举过头顶，另一只手背在身后。

（10）犀牛望月（回头望月）：表演者右手做"过脖"的动作，然后回身，步法转为倒插步。

（11）大鹏展翅：表演者在"怀中抱月"动作后随即下蹲，而后再跳跃，两臂伸直如同翅膀，两脚

1. 苏秦背剑

2. 犀牛望月

3. 大鹏展翅

仙人指路

白鹤亮翅

青龙入海

绷直，脚尖向下，膝盖紧贴腹部。

(12)仙人指路：表演者保持弓步的步法，一只手臂伸直，与弓步的身体成为90度角，向后，并将镲举起高过头顶，另一只手向前伸直。两手随着身体步伐的改变而切换，右弓步左手向前。

(13)白鹤亮翅（也叫做"大雁飞"）：可以作为集体出场的亮相动作。表演者腹前"合击镲"后，双臂展开，镲碗向下（集体表演中镲碗向前），单脚在空中跳跃，一只脚息，另一只脚绷直。表演白鹤亮翅动作时，表演者可以在行进过程中在空中跳起，也可以省略跳起的动作，边跑边走进行表演。

(14)青龙入海：表演者保持扑步的步法，一手向前，一手向后，双臂伸直，与燕子抄水的动作较为相似。

(15)青蛇盘柳：表演者保持弓步，左脚引出，左手背至右后腰间，右手搭在左肩处，然后交换。

(16)天女散花：该动作仅为女子队员使用。表演者首先表演"双过脖"的动作两至三次，而后跳起，双手举起镲。缨子在胸前甩动一周后，双臂伸至头顶，表演者跳起，一只脚息。

(17)金鸡独立：表演者一只脚息，双臂展开。

(18)金龙摆尾：与青蛇盘柳动作类似，但镲不搭在身上。要求表演者的手臂能够表现甩尾巴的感觉。

(19)叶底藏花：表演者保持弓步的步法，双手一只在上，一只在下，而后互换。

(20)鹞子翻身：表演者两臂伸直，身体以某一角度翻转360度，做交叉步，转身。

青蛇盘柳

1. 天女散花

2. 金龙摆尾

3. 金鸡独立

4. 鹞子翻身

叶底藏花

5. 对打动作

对打在飞镲表演中一般分为双人对打与四人对打两种，配合着《敬香》或《幺二三》的鼓点进行。对打对于表演者个人技艺的要求较高，表演起来十分好看。一般来说，对打动作主要包括亮式儿、打镲、接镲、扣镲等。

所谓"亮式儿"，是指在表演开始前的一个静态的展示动作，显得十分干练，有气势。"亮式儿"源自于武术，并非飞镲的传统动作，如今不仅在对练中出现，在单人表演、团队表演中都会以"亮式儿"作为开场。"亮式儿"的动作表现形式有很多，如个人动作"白鹤亮翅"为一种亮式儿动作，"弓步亮式儿"为另一种亮式儿动作。

打镲、接镲、扣镲等动作融入了诸多武术动作的元素，此时表演者手中的镲已经不再是一种响器，而是具有了武器的性质。伴随着镲缨子的上下翻飞，表演者举手投足之间透露着飒爽的英姿，动作潇洒、漂亮。

蔡家堡的飞镲在《敬香》这段鼓点中流传着"十打"的口诀，但近年间已经很少进行表演："上打插花盖顶，下打枯树盘根；三打怀中抱月，四打鹞子翻身；五打苏秦背剑，六打玉带缠身；七打双风贯耳，八打张飞骗马；九打金龙盘玉柱，十打童子拜观音。"

除此之外，高庄村的飞镲，其独到的《十三帆》鼓点，也有一些颇具特色的动作与之相配，包括提步磨镲、分水行舟、跳跃起帆等。

亮式儿

弓步亮式儿

1		4
2		5
3		

1. 弓步单打镲

2. 弓步反打镲 息腿接镲

3. 上扣下接镲 弓步接扣镲

4. 对扣镲

5. 上骗马 下扑步骗马

三、角色与装扮

汉沽飞镲的表演整体上分为前场与后场两部分。

前场即为飞镲表演。站在队伍最前方的称之为"镲头",是飞镲队中掌握飞镲技艺最好的演员。镲头是飞镲表演中最核心的人物,整体动作的编排与转换均由镲头负责,起到领队的作用,所以也称"领子"。在变换鼓点或开始变化阵形与动作时,其他队员都要听从领子的指挥,所谓"鼓看领子,大家听鼓点",要求动作一齐变化,一齐结束,强调动作的整齐性。

各个队的镲头基本都有着不错的武术功底,特别是形意拳、长拳的功底;而武术功底对于一般队员来说虽然并不是完全必须,但具有武术功底

飞镲表演的要领:一齐变化,一齐结束

可以更快上手，否则需要半年以上的时间练习压腿、站姿等基本功。在过去，飞镲表演者均为男性，20世纪90年代几位女性飞镲表演者顶住了重重压力与质疑，将飞镲的刚毅与女性的柔美有机地结合到了一起，表演令人瞩目，从此掀起了女性表演飞镲的热潮。如今，表演飞镲的女性在汉沽区所有的表演者之中占据了极高的比例，有的队伍所有的表演者均为女性。

后场，即为鼓师与铙师，通常有一面鼓，二至四对铙。与前场表演者不同，后场的鼓师与铙师一般为男性，敲鼓、打铙对于力量要求与耐力要求较高，女性因为身体素质上的劣势很难驾驭。许多年轻时耍飞镲的表演者在上了年纪后，跳跃、跑动已经力不从心，但又喜爱飞镲不甘于从此退出，便会由前场退居后场，因为鼓点已经烂熟于心，上手起来较为容易。

鼓手、击铙者和舞镲者的服饰一样，都是头扎彩色绸巾，额前系结，穿红色（或白色）彩衣、彩裤，足踏彩鞋。近年间各飞镲队的服装较为多样，大多以宽松的纯色系太极服为主，在不表演的时候会穿着运动外套，而在较为炎热的时候，也有穿着短袖T恤衫或是背心进行表演的。

四、表演顺序和程式

汉沽飞镲的表演分为团队表演与独立表演两种。团队表演顾名思义，而独立表演又分为单人表演、双人对打、四人对打。一般来说，独立表演的人数不会超过四个，否则在表演中容易出现混乱。独立表演也被称之为"散飞"，而实际上，"散飞"的概念分为狭义与广义。狭义上的散飞指的是在同样的一段鼓点中，每一位表演者按照自己的想法表演出不同的动作，但是任何一个动作都要与鼓点相契合。散飞对于飞镲表演者有着很高的要求，要有良好的耳音，对于鼓点的轻重缓急也必须烂熟于心，是个人技艺的体现；广义上的"散飞"则是独立表演的别称，与团队表演相对应。

团队表演多是以《长量》点开始，采用"二龙出水"队形出场。所谓"二龙出水"，即队员以两队入场，进入场后形成圆圈。根据人数的多少，圆圈的圈数也不一样，最多的时候形成三个圆圈。团队表演主要的鼓点为《吵子头》，在《吵子头》的"三呼"部分鼓点敲完后，队形开始发生变化。有时互相穿插，变化位置或再变圆圈，领子在圆中心，形成"众星捧月"之势。通常的队形包括"圆圈"、"交插"、"穿裆"、"众星捧月"、"四角开花"、"对打阵形"等。

"圆圈"队形指队员在行进过程中以顺时针或逆时针方向走成一个圆形，当人数较多需要围成几个圆形的时候，相邻的圆形的行进方向是相反的。

"交插"队形指两列纵队的队员，相邻的两人为一组，以逆时针方向行进，交换彼此的位置。

"穿裆"队形指所有队员分为两队，其中一队以顺时针方向绕圈行进，走半"8"字形；另一队以逆时针方向绕圈行进，也走半"8"字形，并与顺时针方向行进的队伍不断交插穿越。

　　"众星捧月"队形需八名队员，其中的一名队员站在中间，其他的七名队员将其视为圆心，等距离分散开来，两两对称而站，第七位队员站在位于中心位置队员的后方，七人大致形成一个圆形。

　　"四角开花"队形指队员分散而站，最中间站四位队员，这四位队员的左前方、左后方、右前方、右后方各站有三位队员。

　　"对打阵形"指所有队员排列成为人数相等的四列纵队，而后第一、第二列为一组，第三、第四列为一组，每一列的队员两两配对，继而开始对打表演。

　　变换鼓点或开始变化动作讲究的是"一齐变化，一齐结束"。过去由鼓手负责，通过鼓点之间的衔接转换告知飞镲表演者下面要进行的动作；如今这份重担则交由镲头负责，通过镲头手势与动作形成的暗语告知后面的飞镲表演者与鼓手、铙手，下面的拍节应该转换成怎样的鼓点，要怎样动作。叫点或是收点的转换动作由镲头个人掌握，并没有硬性的规定说明必须为某个特定的动作，只要队中的队员与鼓手、铙手明白即可。如汉沽飞镲表演者刘爱林，变换《敬香》点的动作为将持飞镲的双手举到头顶；《吵子》的叫点动作为双手持镲，将其高举至头顶左上方后，再逆时针在身前绕一圈；叫《幺二三》时，要双手持镲，将其高举至头顶左上方后，再顺时针在身前绕一圈。

　　飞镲舞动时间的长短，有一定的规律。如打《吵子》或《幺二三》，就要打"三起三落"，打《敬香》则可以任意反复。所谓"三起三落"既是指鼓点而言，也是指镲的舞蹈动作幅度大小而言。打法是：《吵子》或《幺二三》反复三次后，接《长量》点，这样再反复两次，共打三番，就叫做"三起三落"。

　　基本的鼓点是固定的，飞镲的动作花样也基本一致。但是打起来的动作没有硬性规定，由飞镲表演者临场发挥。根据个人的技术，任意变化和连接，到最后收点，必须归到一起。

　　传统的鼓点套路是比较完整的，尤其是对音响和节奏的要求都很严格，强调鼓点清楚，镲、铙要求音正。但现在的飞镲表演，通常会有时间的限制，很难将一整套的鼓点与动作全部表现出来，因此就需要飞镲表演者将《吵子》《幺二三》《长量》与《敬香》这四套鼓点与飞镲动作的精华部分在兼顾鼓点与动作之间转换的流畅性与整体套路的美观性的同时，在有限的时间内加以展现。

五、绝活儿与艺术特色

汉沽飞镲因其独特的起源和表演方法，别具艺术特色。

飞镲的风格体现了渔民的淳朴粗犷，飞镲的一些动作也来自于渔民在海上作业时捕鱼的动作，如《十三帆》中的"分水行舟"、"跳跃起帆"等，都模拟了过去船员在海上打帆时往上拽的起伏动作。同时，汉沽渔民还以制盐为生，体魄强壮，再加上习武的影响，注重"手、眼、身、步"的配合，正所谓"敞裆猫腰，学艺不高"。也因此，在汉沽，凡是飞镲能够耍出名堂的表演者都有着不错的武术基础，也正是这些有着武术功底的表演者为飞镲动作的规范与创新做出了非常大的贡献，如高家堡子村的高廷言、汉沽龙武飞镲老会的教练刘洋等。同时，会打飞镲首先必须会背鼓点，还要求"耳音"，即听声辨鼓点的能力。作为飞镲表演者，要做到心眼有谱，当地人称之为"心伴"。

学飞镲就是练耳音难。刚开始学时，很难把鼓谱和动作结合起来。鼓点的传授没有谱，都靠口传身授，镲的重音、轻音，教练教就教个大概齐，就看你自己的领会。

另外，对于飞镲表演的每一个动作也都有着要求，如要求表演者的腕子上要能耍出花，即"腕花"。队员在表演飞镲的时候不能打"直板"，要让飞镲像是手上的一只蝴蝶，不断地在飞，却一直也离不开手中。作为表演者，做任何的动作，"镲花"都是最讲究的。汉沽飞镲的特长就在"镲花"上，不会耍"镲花"就说明基本功不行，"伸展延长抖手腕，镲花围着浑身转"。又如掏镲的动作，表演者们流传着"掏镲基本功，过头要掸胸"这样的口诀。在表演时，要求表演者两手前后摆动，但是不能脱离主线，还要结合鼓点去踩点。

在过去，汉沽飞镲中鼓手起着举足轻重的作用。近年来，虽然鼓手的作用有所降低，但仍然对其有着较高的要求：首先，鼓点要快，但却不能乱，对于节奏的控制能力要强；其次，敲鼓要响，但不能躁。鼓手要让表演者、观众都能感受到震撼的鼓声，但不能扰乱他们的心绪，产生烦躁的心理。同时，对于鼓手来说，鼓点的节奏一定要准确，这样才能保证整个表演的进行，更好地起到承上启下的作用。

汉沽飞镲队众多，每个飞镲队在历史的发展过程中形成了自己的特色。同时，飞镲教练的个性与技艺对于该会的飞镲风格影响较大，特别是汉沽城区中的飞镲与周边村庄的飞镲，从传统上看，无论是鼓点还是动作上都有着鲜明的差异。近年间，随着表演任务日趋增多，城区与村庄之间的表演者交流频繁，因为在团队表演中大多以汉沽城区的鼓点与动作为基准，周边村庄的表演者慢慢吸纳了城区的飞镲表演精华，将其融入到自身的飞镲表演之中，这使得周边村庄的飞镲表演在传统性与独特性方面有所削弱。

第四章

器具、服饰及其象征意义

一、汉沽飞镲的乐器

汉沽各飞镲队的表演器具与演出服饰相对简单，演出乐器主要由镲、鼓、铙三件打击乐器组成。因各飞镲队的成员数量不同，因而一支飞镲队的乐器组成数目也不同。如有的飞镲队为一个大鼓，有的队则有大、中、小三种型号的鼓。特别是铙这一金属打击乐器通常被饰以数条五彩的缨穗带，颜色以红、黄、蓝、绿为主，飞镲艺人在进行表演时，缨穗条带与四肢起承转合的表演招式交相辉映，形成缤纷飞舞的动作场景，演出现场十分壮观。

1. 鼓

汉沽飞镲传统的鼓面尺寸为：鼓面直径60厘米，鼓的高度为80厘米。每个飞镲队所用鼓的尺寸都不一样，皆为木头材质，颜色都以喜庆的红色为主。如汉沽龙武飞镲队，有三个鼓，分别为大鼓、中鼓和小鼓，依不同的演出场合，而选用大小不同的鼓。在舞台上表演时用中号的鼓，外出演出时偶尔用小鼓，广场上表演时通常用大鼓。

2. 镲

汉沽飞镲的主要表演乐器镲实际上是钹，在汉沽方言中习惯称其为镲。汉沽飞镲源自飞钹。镲由黄铜片制作，圆形。圆铜片中心鼓起成圆滑的半球形，正中有孔，可以穿绸条等用以持握。通常两个镲为一副，两片

镲缨　　　　　蔡家堡飞镲队的鼓槌，雕有吉祥纹样

看财女子飞镲队的鼓

镲相击发声。镲凸出的半球形部位越大，则发音越浑厚响亮，而且余音较长。过去汉沽飞镲表演所用的老镲直径约32厘米，而现在汉沽常用飞镲的镲片直径通常只有25厘米左右，相比以前的老镲尺寸已经减小。有的飞镲队也曾用过较大的镲，其直径约36厘米，重量约有4斤。飞镲还装饰有缨穗，也叫做镲缨，通常系于镲、铙半球形凸出部位的中心圆孔处。为了经得起磨砺，洞口处常用一节牛皮筋与之后的镲缨连接。旧时的镲缨较短，一般为一条一尺长的红布，既吉利，又能随时应付紧急情况，快捷抛出手。如今汉沽区各个飞镲队所使用的彩色镲缨多以红黄蓝或红黄绿三色搭配，颜色鲜艳亮丽。为体现飞镲表演时色彩绚丽的视觉效果，镲缨的长度通常保持在1.5米左右，且一片镲要系三条镲缨，以便在表演飞镲时，镲缨能够竖得起来，增加观赏性。

过去的镲　　　　　　　　　　　　现在的镲

3. 铙

铙的尺寸要比钹稍大，皆为铜质。铙的半球形凸起部位的顶平而小，其直径约为整个铙的直径的五分之一。铙的金属面较薄，通常为弧形，底部凹进，周沿部位稍微翘起。就汉沽飞镲而言，两面铙为一副，相击后发音，音色十分清亮。与相同尺寸的镲相比，铙发出的声音略低于镲，且延续的余音较长，带有深沉的水音。汉沽飞镲常用的铙的直径没有固定规格，通常在27到55厘米之间。汉沽飞镲表演常使用的铙的重量约6斤。有的铙的最大直径可达70厘米，半球形凸起的直径约7厘米，重量达10斤，但极为少见。通常，镲、钹、铙凸出的中心皆有圆洞，用于系缨穗，铙上所系缨穗的长短与色彩与镲缨相同。缨穗的缠绕必须要恰到好处，既能够紧紧抓住表演乐器，同时又能在表演过程中敲击得游刃有余。

汉沽飞镲队在表演时，鼓、铙主要为飞镲的表演做伴奏，因而其演奏的位置通常位于舞台空间的后场部分。

如今，从老一辈飞镲艺人传承至今的表演器具少之又少，只有几副钹和铙，如高庄飞镲队在"文革"前使用的鼓、铙、镲都收藏于天津博物馆。旧时的铜质乐器做工与现代相比更为结实、耐用，且发出的声音悦

铙

耳。现代制作的金属镲的变化较大，材质不仅有铜的，还有白钢的。汉沽
表演飞镲的艺人一般会准备铜、钢材质的镲各一副。在参加大型的演出活
动时，使用铜镲，受邀出席一般的民间红白喜事时，则用白钢材质的镲。
尤其是随着女性飞镲队员的出现，镲的尺寸设计得较小，重量也随之减
轻，这样有利于女飞镲队员的表演。

白钢质地的镲

二、设摆器具

1. 会旗（队旗）

汉沽区各个飞镲队的会旗形制不一，方形、三角形、竖式形制都有，通常为2000年后制作，为单色底，黄色花牙边。如汉沽龙武飞镲队会头高

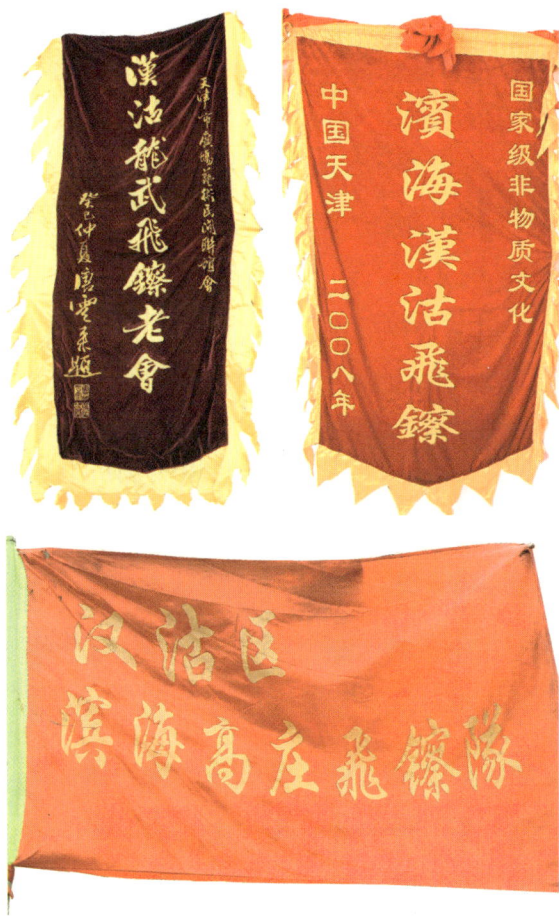

会旗

景留设计的会旗，旗面呈长方形，底色深红，黄花牙边。旗面顶部为队徽，队徽为一面印有阴阳太极图的红鼓，两侧对称饰有一对黄色飞镲，飞镲各有一支白、绿飘带和流苏。红黄两色寓意风风火火。旗上绣有黄色篆书"汉沽龙武飞镲队"。蔡家堡飞镲队会旗也呈长方形，古铜色绒布，边上有黄色花牙边，中间有金黄色繁体"蔡家堡飞镲队"。汉沽高庄飞镲队队旗则相对简单，为单色红绸布，无花牙装饰。

2. 表演服饰

汉沽各个飞镲队的表演服装大同小异。汉沽龙武飞镲队的表演服装最初选用的是古典样式的服装，风格较为简约，有老式的盘扣。2005年第二届妈祖节后，便选用现在所穿的太极服和运动服，颜色与袖子的样式都有了新的变化。服装的选用也配合演出类型，如在天津东丽区举行的世界划水节上，龙武飞镲队的服装便选用具有运动感的运动服装。通常，演出服装由飞镲队队员集体出资购买，专门为表演使用，专人保管。汉沽看财女子飞镲队的服装也是太极服，分为白、红两种样式。

演出服装一般由飞镲队自己的公共财务统一购置，如汉沽飞镲龙狮艺术团的会员每人就有二三十套服装，皆由会里购置。有的飞镲队的道具和服装也由所在社区或村的村民集资购买，或由所在社区、村委会统一购买，如汉沽盐场组织的飞镲队的演出服装表演器具就由企业（主要是盐场）担负。各飞镲队对于本会钹、铙等乐器的管理，一般不需要有特别的保管制度。乐器通常由本会队员各自带回家保管，出会表演时携带即可。飞镲队的队员平均每人有3至4副镲，全队共有100多副镲。有平时彩排练习用的，也有进行正式演出时用的。购买乐器的费用通常从飞镲队的演出劳务费中支出。鼓、铙由会员共用，放在会中，镲由个人管理，损坏后自行更换；服装是统一的，由会员自己添置，或者穿盐场工作服表演。

1. 表演服装：头饰
2. 表演服装：上装
3. 表演服装：上装，背面印有飞镲队名字
4. 表演服装：腰带
5. 表演服装：下装

三、器具的使用和象征意义

1. 乐器的使用

汉沽飞镲的表演器具钹、铙原来都是寺庙中的敲击乐器，是法门之音，声音响亮而严肃。同时，钹、铙在古代又是兵器，当钹、铙在快速飞舞时其金属边缘十分锋利。汉沽飞镲的表演来自于渔民出海时对大海形象的意识反映。这种意识反映通过大鼓大钹之声和铿锵有力的节奏得以充分地表达。汉沽飞镲的镲、铙两种打击乐器都装饰有五彩的缨穗，也就是镲缨。缠缨穗颇为讲究，缨穗的缠绕必须恰到好处，这样才既能够紧紧抓住表演乐器，同时又能在表演过程中敲击得游刃有余。飞舞的金镲和五颜六色的缨穗彰显了渔民对大海磅礴气势的心灵感受和对大海艺术形象的塑造。这些便体现在艺人对飞镲舞动的感觉和技艺要求上。

此外，汉沽飞镲队在表演时，其舞台空间的站位大致分为前场和后场，由于镲是飞镲表演时前场的主要演奏乐器，因而舞飞镲的形体表演通常在前场。过去飞镲表演时，要求镲的演奏与后场鼓点的节奏相配和，现在已经不做严格要求。由于镲的敲击力度较大，尤其是在飞镲表演时，动作力度很大，敲击过程中，镲很容易破裂。所以，练习时一般不用正式出会时的镲，而用练习的铁镲。练习镲和正式出会时的镲大小相等，颜色发白，一般为铁皮或白钢制作，分量较轻。

汉沽飞镲的表演主要集中在对镲的表演技艺的掌握上。镲的握法通常为：镲脐向上，右手掌心向上，食指、中指夹住镲缨（距镲脐约30厘米处），无名指和小指弯曲，卡住镲缨，然后右手掌心朝下，向里挽腕，将镲缨挽转一圈，再挽镲缨一圈，使镲缨的上端经过手背和虎口，然后用五指紧扣镲脐。左手缠镲的方法同右手动作对称。双手缠好镲后，双臂屈肘抬于胸前。

随着时代的发展和大众审美趋向的变化，如今的汉沽飞镲在传统的基础上不断丰富和发展，演变出更多的健美激昂的花样动作。相比传统的飞镲表演更受到汉沽地区广大民众的欢迎和喜爱。

2. 乐器的象征意义

汉沽地区的渔民每年第一次出海打渔遇到鱼群时，都要展开旗子，焚香烧纸，敲锣打鼓，诱鱼入网，谓之"赶鱼"。收船回港时，更是锣鼓震天，庆祝渔业丰收。汉沽飞镲表演者手中的镲、铙、钹、鼓既是演奏乐器，同时又是舞蹈和表演的道具。镲、钹、铙作为过去寺庙中和尚用于敲击法门之音的乐器，其作用在民间被称之为"打喜"。打，即是"报信"，喜，则是吉祥之意，"打喜"便是报喜信之意。过去民间迷信，宗教气氛较浓。寺庙里的和尚用铙、钹给神灵如碧霞元君做礼、做寿，如同民众为家中长辈做寿，鞠躬敬礼，而在宗教场所便是打铙、钹。尽管鼓、镲、铙、锣等乐器音响比较单一，但是敲击节奏、速度快慢的不同以及配合表演出丰富多彩的肢体动作，就会给人以愉悦欢快的视觉审美体验。镲，是传说中三十六种小外家兵器中的一种，用于作战和防身，因而过去所缠的缨穗长度较现在的短许多。缨穗短是为方便两手指紧扣而快速撒出，撒出后在一尺半的距离内也可以快速收回。而在汉沽地区，过去渔民在海上捕捞作业时，曾因忌讳船上混乱的长绳容易将人绊倒跌入水中，而将绳穗缠绕在手上。随着民俗文化功能的变迁，飞镲作为一种视觉表演艺术，镲、铙、钹等乐器都装饰以较长的五彩缨穗，表演艺人用全身力气将五彩缨穗立起时，便产生了一种视觉上的艺术审美。这也体现出民间舞蹈活动与当地民众的生产生活密切相关。

第五章

传承现状

一、传统社区认同与嬗变

汉沽飞镲起源于沿海一带的渔村，是当地的渔民从生产、生活中受到启发而创造、传承、发展的一项集娱乐与实用为一体的表演形式。这些渔村地处汉沽南部，村落依海而建，村民依海而生。最初，飞镲的实用性价值远远大于其艺术性价值。飞镲的功用大体上有三种：一是可以用来在捕鱼的过程中惊吓鱼群；二是在海上行船之际作为联络信号；三是渔船在满载而归的时候用作"打喜"的工具。正是基于村民对于大海、海神的信仰与崇拜，才会产生敲击鼓点、打击飞镲来敬拜海神的行为，从而使飞镲不仅具有单一的功能性价值，也具有了表演的艺术性与祭祀的宗教性，由此慢慢地形成了汉沽飞镲最初的内涵与外延。

在汉沽，诸如蔡家堡、高家堡子、高庄等村落被称为"下面"，与之相对应的，汉沽城区则被称为"上面"。汉沽飞镲的百年传承中，其技艺所依附的社区发生了由"下面"向"上面"的改变。

在汉沽沿海一带的渔村尚未因政策而整体搬迁的时候，"上面"得益于"下面"传授技艺，具有了广泛的群众基础，而"下面"虽然向"上面"传播着飞镲的技艺，但其传统社区的身份却仍旧保持，这些渔村中的飞镲表演者仍然享有着较为崇高的地位。同时，在传播的过程中，"上面"的技艺不断规范、创新，其表演的艺术性得到了增强，而"下面"的

汉沽南部的村庄

技艺虽然力求保持传统，但在一定程度上也受"上面"影响，相应地产生了一系列的流变。时至今日，受到政策的影响，汉沽南部的渔村，特别是汉沽飞镲诞生地高家堡子、蔡家堡一带的村民已经悉数搬迁至城区之中，旧时的传统社区即将消失在历史的长河中，但"上面"的新兴社区却得到了相当程度的发展与扩充，汉沽飞镲的实用性与宗教性进一步减弱，其实用性在新兴社区中几乎已经消失，但表演的艺术性却得到了进一步的增强。实际上，传统社区的变迁最主要的是社区中人员的变迁，正是社区中的人员流动促成了传统社区的迁移。解放后，汉沽盐场吸纳了高家堡子村的飞镲表演者，促成了飞镲技艺由"下面"向"上面"的传播，而政府的政策倾斜再一次使"上面"的新兴社区发展壮大。

相比于诸多老会因为传统社区的消失而面临人走会亡的情形，汉沽飞镲所依附的社区虽然也产生了流变，但并未消失，无论是传统社区，或是新兴社区，至少还都存在于汉沽区的地界之中，特别是20世纪50年代在汉沽盐场成立的诸多飞镲队，使得"上面"具有着相当深厚的群众基础。

二、会员结构变化与活态传承

飞镲在过去是以村为单位的，被称为"庄会"，当时几乎每个村庄都有飞镲队。飞镲的组织有别于一般的传统花会，并不称呼自己为"某会"，而称之为"某队"，如"汉沽龙武飞镲队"、"看财女子飞镲队"等。时至今日，汉沽区的十余支飞镲队，仅有一支队伍将名字改为了"飞镲老会"，其他的队伍仍然沿袭着"某某飞镲队"的称呼。

在过去，女性是不被允许表演飞镲的。在汉沽渔村流传着这样的一句"妈妈例儿"："女人上船——船翻。"而在实际生活中，女性也因为诸多原因并不方便跟着男性船员出海行船打渔。因为飞镲与大海有着颇深的渊源，所以女性被禁止表演飞镲。20世纪八九十年代，随着以刘文兰为代表的女飞镲表演者靠着自身精湛的技艺赢得了尊重与支持，越来越多的女性加入到了飞镲表演者的行列之中。如今，几乎每一支队伍中都有女子表演者，如龙武飞镲老会中即有10位女性（全会共25人），更是有表演者皆为女性的队伍，男性仅负责敲奏鼓、铙，如高庄飞镲队、看财女子飞镲队。

旧时，各飞镲队并未有明确的职责划分，因其表演者均为同村村民，诸多事宜交由村委会或是村中有钱有势的大户人家进行操持即可。而今，汉沽各飞镲队的人员结构大体相近，设有队长（会长）、

龙武飞镲老会主要成员合影，其中有第一代女性飞镲表演者刘文兰（左一），老会志愿者刘树坤（左二）

教练、队员等，队长主要负责飞镲队的后勤事务，如设备、服装，联系表演以及出会的行程、交通等事宜；教练负责教授新队员飞镲技艺、为飞镲队的演出编排阵形等。有的时候，队伍的队长和教练也为同一人。各飞镲队的会所大多设在队长或队员的家中，会所中可以存放会具，也能够提供场地供飞镲队上下商议事情。另外，与过去不同的是，随着汉沽飞镲的知名度与日俱增，一些对于飞镲感兴趣的志愿者会主动加入其中，发挥自身的特长，为飞镲队伍服务。来自大港的刘树坤即为其中之一，他主动联系到汉沽龙武飞镲老会，为队伍近年的出会活动拍摄照片，录制视频影像资料，有目的地收集汉沽飞镲的相关资料，同时协助会中的教练刘洋拍摄动作分解图片。

　　各个飞镲队队员的年龄结构有所不同。如飞镲龙狮艺术团的队员以三十至四十岁的为主，最小的仅三岁半，最大的67岁，两位年龄跨度非常大的队员均为鼓手；看财女子飞镲队的表演队员都在五十岁上下；高庄飞镲队的26名队员中，前场的队员均为女性，最大的46岁，最小的23岁，后场的几位男性年龄偏大，在五六十岁之间；蔡家堡飞镲队的队员相对年轻许多，表演者大多为二十岁上下的男性青壮年，最小的仅16岁；与之相对的则是龙武飞镲老会，其队员的性别不受限制，但年龄下限一般在40岁，上限则在65岁，以离职退休的工人为主，虽然会长高景留也表示想要招一些年轻的队员，但因为兴趣爱好、时间冲突等诸多原因难以招到合适的人员。

笔者与看财女子飞镲队队长杨义花合影

　　大体上看，目前的飞镲传承谱

系可以分为两派，即高家堡子一派与蔡家堡一派。其中认为高家堡子的村民创造了飞镲的占了多数。

高家堡子一派传承谱系：

据目前健在的老人回忆整理所得，第一代以高自

笔者采访高庄飞镲队队长刘洪生

旭、高自功两位为代表，第二代以高振海、高振远、高振中、高振先四位为代表，第三代为高廷言、高廷春等，从第四代起，因高廷言老先生在新中国成立后被招入汉沽盐场，在盐场飞镲队中教授了一批弟子，这一批弟子不仅仅包括高家堡的人，统统算作第四代。迄今为止，已经传承至第六代。飞镲龙狮艺术团团长崔宝宾、汉沽飞镲队队员刘爱林即为高家堡子一派的分支。

值得一提的是，高庄的飞镲也是源自于高家堡子，据其传承人刘洪生口述，其传承的谱系大致为：

第一代为高家堡子的人，由他传给了铁神庙村的李仲金（第二代），再传给了小神堂的刘庆希（第三代），由刘庆希传给了高庄的刘照山、刘玉向、刘玉晨三人，算作第四代，刘洪生为刘玉晨的徒弟，是第五代，而目前传承至第六代，代表为刘战芬。

与高家堡子一派的传承谱系不同，蔡家堡有着其相对独立的传承体系，据蔡家堡村民赵家岭口述，第一代的代表为赵树林，第二代为王子辛，第三代为赵长江，第四代为赵振生，第五代为赵满宗、赵金宗，现传至第六代，代表人为王喆、赵硕。看财女子飞镲队的队员们均为赵满宗的徒弟。

三、技艺的变异与传承

赵满宗被评为"汉沽区社区文化活动十佳带头人"

少年飞镲夏令营教练员聘书

在过去，与形意拳等武术门类相结合的个人动作、对打动作都是没有的，这些动作是20世纪50年代飞镲艺人们基于原始动作的一种规范与创新。而基本动作的表现方式也和过去有所不同。最主要的一点变化体现在下盘，在过去，飞镲表演更为注重上半身，特别是头、颈、肩、双臂的摆动，对于腿部动作要求并不高。在飞镲与武术产生了融合之后，表演者不但注重上半身的动作，对于腿部动作的力道与幅度也格外重视，为了呈现出更为美观的表演，一些在过去只需要半蹲的动作改为了全蹲。

在城镇化进程中，许多民间艺术因为传统社区的消失、会员年龄的不断老化、会员的后继乏人陷入了传承无力的窘境。在采访中，一些艺人也表示，过去在海边的时候，闲暇的时候娱乐的方式只有飞镲一种，现在的年轻人娱乐方式多种多样，对于飞镲就缺乏兴致了。为了更好地将汉沽飞镲传承下去，艺人们已经开始着手培养年轻一代的飞镲表演者。汉沽飞镲龙狮艺术团就吸纳了一名年仅三岁半的儿童，从敲鼓开始，下大力气培养。

向小学生传授飞镲技艺
高庄小学飞镲队合影

小学生的飞镲表演

蔡家堡飞镲队的技艺特色鲜明，但在招揽会员的时候也抛开了地域观念，只要有兴趣的均可前来学习。队中的主力队员大多为二十岁左右的年轻人，有的才十几岁，白天在学校上学，在课余时间练习飞镲技艺。汉沽飞镲的代表性传承人赵满宗、刘洪生也都将自己掌握的飞镲技艺不吝传授于当地的小学生。赵满宗曾经在体育场小学教过三年飞镲，而刘洪生自2010年起开始在高庄小学教授小学生飞镲，成立了汉沽第一个小学生飞镲兴趣小组。

　　现在我们正把飞镲这个东西向小学生们推广，高庄小学那边的小孩们玩得相当不错。我教的头一批小学生打到了天津，第二批在汉沽玩，去过塘沽。他们喜欢飞镲，最大的12岁，小的有9岁的，打的是特制的小镲，也是铜的。一次教60多人，教一年多，然后一块儿出去表演。小孩们练的时候没有受伤的或者哭的闹的，他们没有武术功底，但是飞镲不是非需要劈叉、翻跟头，基本动作做好就可以了。[1]

　　至今高庄小学的小学生们每周四下午都会接受飞镲技艺的培训，成为了一项传统。可以说，汉沽飞镲的未来是光明的。

1.2013年11月4日，受访者：刘洪生；采访人：路浩、王拓。

四、经济来源的变化

汉沽飞镲的经济来源在传承的百年间也发生着重大的改变。之所以说这种改变十分重大，是因为当下汉沽飞镲中一种主要的经济来源方式已经脱离了传统意义上"酬神自娱"的范畴，而是带有"经济化"与"职业化"的色彩，与大多数传统老会有着明显的区别。

在过去，飞镲队是以村为单位设立的。飞镲的表演者基本上都是村中的渔民，出海打渔才是他们的主业，而表演性质的飞镲仅仅是在封海期间闲暇之余，或是祭祀海神、朝山进香的时候进行的酬神自娱的活动。而出会的经济来源通常有两个，其一为村委会出资进行支持，其二为村中对飞镲感兴趣的有钱人家出资进行支持。

如今，汉沽飞镲的经济来源根据飞镲队所在的位置不同而有所区分。仍旧坐落于村落中的飞镲队，如高庄飞镲队、看财飞镲队，村委会的资金支持仍是重要的资金来源之一。伴随着沿海一带渔村整体性的拆迁，许多渔村的村委会都得到了相当数额的补偿款项，而诸如蔡家堡村这样以飞镲闻名的村落，其中的一部分款项就专门用来供给飞镲队的一切支出。建立于汉沽城区的一些飞镲队，其经济来源主要有三个，其一为飞镲队全体队员集资，其二为队中个人出资，其三则为企事业单位进行捐赠。

无论飞镲队建立在何处，出会表演均为最主要的经济来源。汉沽飞镲的出会表演分为两种情况，第一种为区级或区级以上政府组织的表演，如旅游节、妈祖文化节等，这种情况可以算作"大型活动"，有的时候甚至需要几只飞镲队联合演出；另一种则为日常生活中的红白喜事，红事包括商铺开业、老人做寿等，这种情况可以算作"小型活动"。在汉沽，红白事邀请飞镲队前去表演已经成为一种惯例，汉沽周边的地域也显然受到了该风潮的影响，诸如唐山丰南一带近年来也开始邀请飞镲队表演。

为什么现在发展这么多队？因为（这个表演）看着值，振奋人心，汉沽飞镲还出红白喜事，给钱，正因为给钱才越发展越多。很多年轻的飞镲队专门为这个挣钱。[1]

一般来说，飞镲队对于红白事的邀请是不挑剔的，但有些队伍也在会规中规定不允许接受白事的邀请，只能够接受红事的邀约。"小型活动"几乎每一天都会有，人均大概有80至100元的收入。当有的队伍人手不足的时候，便会邀请其他队伍的成员，这在当地称之为"互相打工"。有许多飞镲表演者已经不再进行其他的工作，将飞镲当作自己的职业。正是当地飞镲表演的热潮，促成了飞镲的经济化与飞镲队员的职业化。

1.2013年8月20日，受访者：赵满宗；采访人：路浩。

第六章

传承人口述

一、高家堡子飞镲第三代传承人高廷言

高家堡子飞镲第三代传承人高廷言

我叫高廷言，今年（2013）82岁，汉沽高家堡子人。往上不知道，从我这算，打我爷爷开始已经第三代了。飞镲队的由来就是高家堡子以打网船为主，敲敲锣，打着鱼群了，后来打大镲。收成好了，打渔打得好了，年年都去景忠山朝山。

我听老人说，这三段——《敬香》《吵子》《幺二三》怎么来的呢？

念佛了要肃静，慢点地打《敬香》。烧香磕头完了，要热闹热闹，就打起《吵子》来了，那时候打镲就是你打"过脖"，他打"掏腿"，他打"蹲儿"，他打"立"，各打各的。这都是人家和尚给起的名字。后来老人又来打个《长量》，为啥叫《长量》呢？就是上山去，走不开了，人堵塞，但不停，由《吵子》掐头

去尾打中间，人们给躲道。

为什么说年年朝山去呢？打渔也好，过日子也好，有个天灾病业了，大事小情了，上山许愿还愿，年年去，由会头领着。传到我们这辈，拿这么大的大碗，用腊头皮，还有鳎麻皮，（把它们）扒下来，箍着绷上系住，干了把着手敲《幺二三》《吵子》，打鼓、打镲。

等我到十二三了，老人们年年去，我们就瞅着。大人们手把手教，从那时候开始，一点一点把这技艺传到我身上了。之后到了滩地盐场上，这一阶段是"文化大革命"，乱七八糟的，肯定都撂下了。

1957年是盐场庆祝百万吨，把我们都接过去了，叫我们教这个，然后领着40多人去天津第一工人文化宫。那时候我们打镲是最后一个，表演完了不让走，打一遍还让打，打一遍还让打。因为打镲是力气活，把我们累得要命，后来盐场带队的好说歹说才让结束。等到完事儿已经夜间两点了，给我们领到一个饺子馆，十多个大簸箩，一人吃四斤饺子还不行呢。之后又要去北京，结果被"文化大革命"干扰了，从那时候开始又撂了。一个阶段玩玩，一个阶段又撂下。

我是怎么教他们的呢？九龙里有个花园，王子良他们捐了几百块钱，买了个小鼓，买了两副镲。因为我在盐场教过，有人就跟他们说要找我，但我在盐场太忙，后来把我连推带搡到花园了。我让他们先打一套鼓，《吵子》差两棒鼓，我又让他打个《幺二三》，又有出

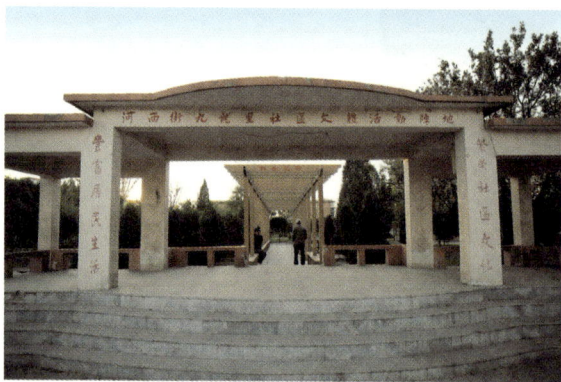

如今的九龙里社区

入。我跟他们说这个鼓该怎么打，从那以后把我拴住了，我把盐场的担子
撂下之后，在花园教他们。有一天晚上，王子良、韩润河非要让我拿镲打
一通。他们肯定是想看看我的本事，所以我抄起镲来就打了一通，当时工
会来了好几个人，王子良把我叫到一边问我是哪儿的，我说是高家堡子
的。然后他又问了一套正式的鼓、镲的价钱，买了那些家伙，一玩玩到现
在。有一次到天津去打，采访的记者说，这东西好倒是好，但是动作要是
一致了就更好了。回来我费了很大脑子，《吵子》《敬香》和《幺二三》
的点儿要合适，动作也要合适，后来决定都拆了，混在一起，动作编成套
路，过脖都过脖，腕花都腕花，动作一致。再到天津去打，人家都说好。

二、高庄飞镲队队员、汉沽飞镲市级代表性传承人刘洪生

我叫刘洪生，汉沽区杨家泊镇，按现在说是滨海新区，高庄村村民，从17岁开始玩飞镲。我是1954年生人，今年虚岁60。因为高庄的飞镲历史比较悠久，老人现在也没有几个了，我们这批人还有三四个人。现在我们正把这个东西向小学生们推广。

高庄飞镲队队员刘洪生

高庄村在汉沽区的紧东边，原来靠海，现在不靠海了，因为海水退走了。这个村子一开始在海边上烧盐，就是用海水熬卤，那时候盐比较贵，靠烧盐为生。这里庄稼少，长黄荠（一种野草）的多，这种东西的籽也可以吃，老百姓大部分都靠吃这个活着。黄荠是自然生长的。现在黄荠这东西还有，没人吃了。还有就是从事打渔。我们上船都是给别人上船，村里没有养船的，上船的现在也没有了。村里人主要从事种植、养殖、养虾、养鱼，还有孵化室，剩下的还有在外面打工的。现在常住人口3000人上下，年轻的上学的多，毕业了都在外面呢，现在村里中老年人多。高庄一开始姓高的多，现在是刘、李、侯三大姓。

我们的飞镲队叫高庄飞镲队，有会旗，两米长，一米五宽，红绸底，布做的黄字，写的是"滨海新区高庄飞镲队"。这个旗是滨海新区成立之前就做了，但是字是成立以后改的。以前就叫"汉沽高庄飞镲队"，滨海新区成立以后，2004年改的。

飞镲队1984年左右成立，是小神堂的老师（叫刘庆希）到高庄来教

的。他一开始教的是刘兆山、刘玉向和刘玉晨为主的一些人。我是跟着刘玉晨学的，我们都是一个家族的。

飞镲第一代是汉沽高家堡子，传给铁神庙村李仲军，李仲军传给刘庆希。高家堡子的人我采访了很多回，他们也没说出来谁是领先的人。因为他们不想把别人推出去，也不想把自己贬低，所以不愿说。高家堡子现在的老师叫高廷言。飞镲的来源是在光绪年间，高家堡子村有个渔民，也是个财主，家里有几十艘大船，这些船出海的时候都离得不远，发生什么事可以互相救助。正赶上下大雾谁也看不见谁，船就散了，之后隐隐约约都到了一个岛上。这个岛上在敲镲、敲鼓，和尚们念经，岛上有练功的人。到岛上之后，船长（过去叫家仗）说，咱明天每个船上买一副镲一个鼓，当联络信号用。后来他们把这个当作发布信号的工具了，敲什么表示上网，敲什么表示下网。时间长了以后，渔民们在船上打渔的动作加到镲上，开始敲鼓点，玩动作。飞镲就是这么来的。高家堡子在新中国成立前请了个练形意拳的老师叫唐维陆，以教形意拳为主，后来把形意拳的套路加到飞镲里，变得更好看了。所以说现在的飞镲有武术的功底。这事儿是上边的（高庄和高家堡子的）老师往下传的。

现在传到下面，女的多了。因为女的玩这个比较现实一点，男的都需要出去挣钱。我是从1984年到现在（2013年初）做队长，现任队长叫刘战芬。刚开始都是男的，22个人。当时都是年轻的，最大的就是我，剩下的都是十八九岁的。从女的加入开始到现在13年。现在这个队26个人，男的4个（连我自己），剩下的都是女的。最大的46岁，年轻的23岁。但是就两个老人，剩下的都是年轻的。男的岁数都大，都是敲鼓的，在后场。

队伍过年过节的时候到上面（城里）慰问孤寡老人，参加娶亲、开业的活动。会址在杨作霞家。所有鼓、铙、旗都在他家，开会也在他家。他的院子大，有时候排练就在他们家院子排。有能力组织，玩镲玩得最好的人当队长。队长还要联系能挣钱的活儿，还有就是上面有什么任务能接，能组织队员去。练习基本上是我往下传。1984年之后一开始是教练，又是队长。现在不做队长了，还是做教练。我没要过东西，就算白教。这是个群众组织，队里的大小事得和大伙商量，大伙都同意的时候领导做主。没有人专门管财务、交通、后勤，都是队长做。

队员加入这个队没有什么仪式，但第一，必须能服从领导指挥；第二，能团结家里，孝顺老人，为人正派；第三，积极肯干；第四，体形较好。队规包括有事请假，外出的时候听从领导的指挥，违规的情况下罚款或开除。动作上必须听教练的，不能私自改进。村里不像上边，是自发的，管得太严了人家就走了。

现在打飞镲是一种职业，主要是到外边干活，红事、白事都接。本来上边规定，不接白事只接喜事。但是我为了把这个队伍保留下来，就只能什么都接，不然队员们不干，衣食不能满足。一个月得23天，每个人至少80元，这样他们就不去别处打工了。现在也有业余性质的，有时候也玩。有的只参加比较大型的活动。我们到天津、大港去过好几次都不给钱。农民运动会在大港开的，我们去排练就练了九天，彩排去了三天，只给了交通费，别的没有。

哪天没接到活就排练，新入会的晚上教，差不多的时候就加入队伍了。晚上天

高庄飞镲队队员合影

天去，有人专门教他，教会了就跟这儿干活了。排练的地点就是杨作霞家。会员没活的时候，去一个比较安静的家里聊天、吃饭。固定出会的日子那个是上边定，给我指示。一般在十月一日国庆节。原来老人们冬天快过年的时候去景忠山，从我接手的时候就没去过。

我刚上任的时候有几拨：看财的高跷，付庄的小车会，羊角的秧歌。那时候我们这四个队都一起去各村演出。那时候乡里有文化站，站长（杨红平）领着我们各个村转。现在就不一起了，乡里没人管了。现在高庄的飞镲已经和汉沽脱离开了，因为高庄的飞镲是古老的东西，汉沽那边把飞镲改进了，增加了观赏性，因为它带了点戏剧的动作。传统的有蔡家堡、高庄、李自沽。剩下的都改进了。高家堡子没有飞镲队，人们已经搬走了，他们流落到各个飞镲队里面了。

队伍出发之前没有祭拜仪式。高庄鼓点有四个：《敬香》《幺二三》《十三帆》《吵子》，《十三帆》汉沽区没有，就高庄有。下面的动作表现渔民打帆，往上拽的起伏的动作，做出来特别好看。

比较老的鼓、铙、镲都在天津博物馆呢，都是高庄的，是"文革"之前的。有银有铜（响铜）。镲和铙都是响铜的，鼓上面是牛皮的。练习的时候他们用的都是白钢做的，比较轻，真正表演用的是铜镲。一开始成立是在东尹乡，刘春奇是乡党委书记，他拿了两千块钱从天津钟锣场买来的。鼓是从汉沽百货公司买的。现在的都是村委会在2002年拿了五千多块钱在唐山买的。第一次给你了，用坏了自己买。白钢的自己买。旧的可以换，旧的拿去35块钱一斤回收。表演的服装是从唐山服装厂买的。

飞镲需要一定的基本功，我就是练形意拳的。不会武术也可以，但是会武术的练得快，而且练出来的动作好看。不会武术的要压腿、劈叉、翻跟头，练这些基本功。看个人的条件了。一般没有一年下不来。一年基本功，半年练习飞镲，至少练一年半才能出师。

三、汉沽金龙飞镲队队长、 汉沽飞镲市级代表性传承人
赵满宗

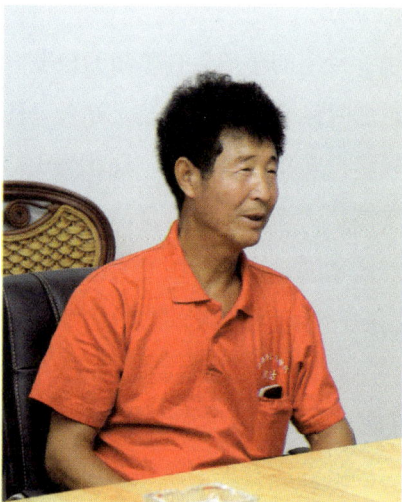

汉沽金龙飞镲队队长赵满宗

我是赵满宗，蔡家堡村人，1949年生。祖孙三代，从爷爷辈开始就在海边玩镲。我父亲赵连赫是飞镲队的队长，还没结婚的时候就玩镲，结婚生下我以后也是一代传一代。

我们都是渔民出身，新中国成立以前给渔业资本家（做工），也就是谁家富有，谁家有船，就给人家打工。过去叫做"扛活"，跟人家上船，人家给保证温饱。1949年以后渔船归生产大队了，集体所有，这时候分出了一队、二队、三队，有队长、村长了。我小的时候不懂什么叫作"镲"，但是我父亲他们已经玩了多年了，我到8岁以后开始爱好这个，9岁、10岁开始跟着父亲演出。演出不单是飞镲，现在叫"花会"，过去叫"扭秧歌"。到18岁入社，开始打渔。20岁那年我在北京军区当兵，复员之后没有回蔡家堡村，就分配到了天津化工厂。我是飞镲的传承者，单位在1972年组织了飞镲队，聘请我父亲到厂里当教练。现在的金龙飞镲队，建立于1986年。因为是业余组织，没有正式会所，我是队长，就在我家。

汉沽飞镲一般是用在敬海神、庆丰收、欢送渔船出海这些活动中，逢年过节赶庙会祈求一年平安、丰收。我在（20世纪）60年代入（飞镲）团，团里鼓、铙等都齐全。飞镲这一套乐器都属于打击乐器，比如鼓、铙。那时候我还会带着横笛、二胡、竹板上船，当时没有机器船，都是风

帆船，夏季赶上风平浪静的时候，船上不能作业了，就下锚。深海区有风的时候海水很浑浊，而无风的时候海面一片翠绿。闲来无事在船上吹吹横笛，打打竹板，打发无聊，也作为休息。海上每隔着十米八米一艘船，都在休息。吹横笛的时候有一群海猪，海猪身形类似海豚，但是头和猪长得一样，有耳朵和猪鼻子，但是不能吃。它们成群地围着船边游，也会跳出水面，有一次跳到船上一只，被我放走了。我当兵后汉沽也一直有飞镲，我复员到厂里，厂里也成立了飞镲队。汉沽区运动会（1974）、劳动节、国庆节都有演出，我就跟着飞镲队参加演出。

每年的开海节都是蔡家堡举办的。所谓开海，就是11月份上冻的时候，渔民不能作业了，船就到码头休息。等开春暖和了海边的冰化了又可以打渔了，就叫作开海节。我们村长、书记每年都组织一次开海节，一是为了企盼一年的大丰收；二是祭奠海神给渔民保平安。我们一直有（开海节），到2013年就没有了，因为蔡家堡被投资商征地，居民搬到汉沽了，但是有一部分渔船还在。

蔡家堡搬迁后，蔡家堡飞镲队的队员都到区里住了。因为我当兵之后没回蔡家堡，复员分配到天津化工厂，在区里上班就不回家了，所以后来就建立了金龙飞镲队。我的二弟能踩着高跷下海，在海边算是一个奇闻。为什么这么做呢，因为下海抢虾米的时候，根据天气的不同，有时会到两米的水深，就捕不到了，人们就做了一尺的跷，这样又能捕到了。在海上踩跷是很危险的。我现在父母都不在了，我是老大，我二弟在蔡家堡村当了十几年的村长，蔡家堡现在的村长是我三弟。我二弟以前组织飞镲队，但是也有队长。我老弟也组织飞镲队（表演），要给队员们管吃管喝，管服装道具。去年11月份妈祖文化旅游节，蔡家堡和我们金龙飞镲队合起来演出，演出完后我们又去北京，参加国际旅游节。北京演出预定在颐和园彩排，因为下雨改在天坛体育馆，那次演出非常振奋人心，也有很多外国的表演队。轮到飞镲彩排，鼓声响起的时候全场惊呆了，外国人看到正宗的大铜镲表演都叫好。

蔡家堡的原汁原味指的是鼓谱、镲谱、飞法、道具。比如《草子》《长量》。《长量》中鼓谱和镲谱的拍节是一样的。《长量》中的"长"是"长短"的长，飞镲中有《草子》《幺二三》《敬香》《长量》，但是主旋律是《长量》。《幺二三》和《草子》都是以《长量》为主旋，只不过区别在开头、中间叫镲以及收尾上。《长量》一般有掏镲，配合掏镲步，也就是形意步法。其实正宗的飞镲没有武术里面的东西，是后来演变成这样的。

以前没有蔡家堡这个村庄，是一片大海，老人们讲都是山东的小两口划船到这边打渔来。一对夫妻到这边打渔遇见海盗了，海盗把妻子霸占了，把男的杀了，妻子知道丈夫死了跳海自尽了。那个女的为丈夫披麻戴

赵满宗指导队员表演飞镲的细节

孝喊渔郎，后来就出现了鱼鹰子，鱼鹰一叫就是"渔郎"。

2003年天津电视台来了以后，国家重视起来了，就开始找文化局，我们就写材料，现在飞镲已经纳入国家非物质文化遗产了，我就是其中一个传承人，当然也是一种骄傲。我在体育场小学教小学生三年，学生就在小学时期玩玩，将来工作就不玩了。但是蔡家堡有一伙小孩玩得很好，他们也经常去演出。

飞镲来自哪儿，有说来自蔡家堡的，有说来自高家堡的，最后归纳了一个问题，高家堡村属于蔡家堡乡，蔡家堡就是蔡家堡，高家堡也是蔡家堡，高家堡、兔桥子都属于蔡家堡乡，所以争论没用，现在有的干脆蔡家堡、高家堡都写上。最早有的还是蔡家堡，因为蔡家堡建庄早，但是高家堡建庄的时候就离蔡家堡一二里地，几乎一个庄一样，也就没有多少区别了。

现在渔民出海还在渔船上放鼓、铙，但是现在蔡家堡一占地，只剩下个人承包的几艘船，有时候有任务也得办。村（建制）没了，村长村民还都有，在一个大院里，投资商给村民盖的楼，不愿意住的买别的楼。但是大部分都在这里面。

解放前忌讳妇女上船。船上吃烙饼，要说"滑"，不能说"翻"，"翻"就是翻船。我现在虚岁65了，渔民其他禁忌倒没什么，妇女没有上船的。新中国成立以后发展到妇女上船，飞镲队也是，没有女人飞镲，也是一种迷信，后来发展到女人也能打镲。男人打镲有力度、漂亮，女人打镲有她的特色，有的女人打出男人的动作，有的女人打出优美的动作。

蔡家堡飞镲队都是男的，我们队伍也有十几个男的，其他的队伍基本上找不到男的，年轻的男人要工作。为什么现在发展这么多队，因为（这个表演）看着值，振奋人心。汉沽飞镲还出红白喜事，给钱，正因为给钱才越发展越多。很多年轻的飞镲队专门为这个挣钱。蔡家堡的飞镲队白事是不出的。除非是本庄的飞镲队的老人，我们只是偶尔给亲戚朋友敲一敲。

出海的时候敬海神，主要是妈祖，现在离蔡家堡几里地海边的妈祖神像已经立起来了。老人说，只要叫海神就行。以前我们每年过节都去景忠山敬神表演，那个和尚一听就知道是蔡家堡的鼓点。我们每年的开海节主要的目的是敬海神妈祖。每年塘沽有个庙会，那叫三霄娘娘，我们去。过去我们是打《草子》什么的，现在加上祭拜。三霄娘娘、碧霞元君、妈祖这几个都去过，缺一不可，同时都去，年年不落。

爱好者就能入会，没有地域限制，只要入队就欢迎，以前蔡家堡就是一个村庄没别的队。年龄还是年轻的好，最小的十来岁，七八岁都有。我们队的队规我总结为两个字：镲德。下面也有一条一条的具体要求，服装统一，语言美，场合举止等，不能互相结党、踩压。

四、汉沽龙武飞镲老会会头高景留

我叫高景留，1948年出生，在高家堡子长大，1964年毕业于汉沽一中，之后到天津园艺学校上中专，后来就分配到那边，最后从天津化工厂退休。

我们的会名叫作汉沽龙武飞镲老会，最早叫作九龙里花园飞镲队，第十四届老人节以后，把队名改成了汉沽龙武飞镲队，从今年（2013）2月份开始叫龙武飞镲老会。九龙里花园飞镲队是20世纪80年代成立

汉沽龙武飞镲老会会头高景留

的，当时的队员都是九龙里周围的居民，一个叫王子良的人捐赠了400元钱给大伙买的鼓和镲，从这开始逐步走向正轨。原来九龙路那边还有个会所，但要是开会的话，基本上就在他老人家（高延言）的家里。

现在会里的固定会员有25人，15个男的，10个女的，最小的50岁。我们这帮人都是当了爷爷、姥姥的人，到时候去活动，一个可以强身健体，再一个本身也喜好。现在的年轻人有很多其他的爱好，对这个就没什么兴趣了。我们为什么从小学这个呢？因为从我们海边的高家堡子来讲，唯一的娱乐活动就是飞镲，没有其他的娱乐活动。

大概是在2008年的时候，我们廷字辈的四叔高延言退下来之后我就开始接任会头。我接手会头，一方面是四爷任命，因为我在高家堡子的时候就有这种艺术细胞，也从骨子里爱好飞镲；另一方面是大伙的认可和推

荐。会头的主要任务是组织。我这个会里现在有教练，男教练、女教练都有，总教练是我自己，比较完整、系统。教练得肯为这个队、这项事业服务，做贡献，他的动作也要大伙认可。

入会的条件，一个是你本身爱好这一项，而且要发展飞镲、尊敬飞镲；第二个：必须自愿，没有别的要求。我们有名额限制，在25人之内，如果当中有人玩不动了，我再招新的人。人的岁数也要限制一下，岁数不能过大，65岁左右就要淘汰了，下限一般在四十多岁。一般女同志四十多岁退休了，可以玩玩。男同志五十多岁就可以玩。其实我们愿意招年轻的，但是没有年轻的去玩。我们队里的女同志是在他老人家（四爷）当会长的时候，发现她们愿意玩，才大胆吸收。在沿海一带没有女同志上船打渔，没有女同志下海的，更没有女同志玩飞镲的。通过增加女同志，把飞镲的场面、形象体现得更好。

有没有武术功底对于入会来说没有影响。没有武术（功底），到了以后我们告诉他武术的基本动作，刚开始很苦，身形步法必须做到，做不到打不出体形来。基本功需要练习半年以上的时间，才可以练动作，再经过一二年，才算练出来。所谓练出来，就是鼓敲到哪个点儿，动作就要做到哪个点儿。动作练出来，耳音也练出来了，这是两个因素，会听才能会耍。

现在有专门敲飞镲的，咱们队也有。飞镲都是一家，各队互相借人，我们叫"互相打工"，造成了职业性。

排练的时间一般都集中在晚上。一旦接到任务了，我们会定好时间、场地，每天晚上排练，以套路打齐了为准，什么时候把动作做齐了，什么时候为止。现在没活儿一般不练，有活儿提前四五天开始练。一般排练在广场、花园，有时候晚上在学校操场练，得是不扰民的地方，因为这个东西声音很大。

咱们会里有些规定。比如买了鼓、铙，你不在这个队了不允许带走。

镲要自己买，镲坏了，大伙出钱买镲。这些钱取之于民用之于民，都是自发的。入队、出队都自由，但是置办的东西不能拿走。原来我们规定连打工都不允许，可是后来一考虑，也得要适当活动活动。但是我们这个终究还是民间，还是自发性的，不能太苛刻了。汉沽区的人坐在一起，一谈起来就是老表的关系，所以真的不好把这个人怎么样了。

出会的时候，一个时间保障，一个安全保障，到了那里听人家的指挥，不能违反人家的制度。还有，镲飞起来以后没接好，甩出去伤了人后果自负，自己不注意碰了哪儿也要自己负责。从来没有发生过这样的事情，但是一旦发生了，要是自己负责还真行不通。所以要提前检查镲、镲扣、缨子，以防出事。

最开始是古典服装，八十年代刚开始建队的时候穿得比较简单一点，老式的疙瘩扣，袖子上面有点云彩。从第二届妈祖节以后，我们就开始改穿这种太极服装和运动服装，夏天是短袖翻领子的。现在太极服比较普遍一点，古老的服装现在几乎都不敢穿了。服装大部分是个人投资，如果队里有钱就集体买服装，专门为表演用的，专门有保管，穿完以后洗了，晾干，破了给缝补。

以前高家堡子会去景忠山，解放后这个传统就没了。现在没有固定的日子，最近两年，我们跟东丽的大宋庄子一起，那里有个娘娘庙，每年正月十六，他们都叫我们搞活动去。

以鼓谱为中心，不能离开这个曲调，具体里面的快慢、拍节问题可以有一些自发的东西。比如烧香的时候，《敬香》的点儿非常平稳，总是那么柔和的。《吵子》有头有尾。在没有舞蹈的时候，《吵子》是表演得最好的一个点儿了，很有欣赏性，而且一板一眼非常明显，要是打好了，非常好听。表演到高潮的时候敲《幺二三》，那就是力量型的了，而且飞的动作比较快。《长量》就是走的意思，踩街的时候一般敲这个点儿比较多。敲这个点的时候，任意变化哪个点儿都可以，这个点儿取自另外几个点的引子。打《长量》这个点儿，哪个点儿变化哪个点儿都能接上。

《幺二三》是鼓点儿先起，所谓的《幺二三》是敲出鼓点的"一、二、三"——"噔、噔、噔"，紧跟着镲才进入。《敬香》是铙先起头，完了之后是鼓，下边就开始飞镲。《吵子》也是鼓先起头，之后有个配合，有个压点儿的动作，这个时间，队员们正在网镲，队员们网不好镲，就一直敲这个点儿，就像个前奏似的，是个循环的点儿。什么时候队员们的镲都网好了，点儿就变成开始飞的点儿了。现在的打法，不是单独的就敲《吵子》《敬香》，是要把里面的东西加在一块儿敲。假如说我要敲《吵子》，把两头都掐掉了就要当中的，完了以后变《敬香》，最后收的时候变《幺二三》。点儿越敲越爆，越飞越有高潮。如果单独到庙会敬香，必须单独敲《敬香》的点儿，因为这个比较稳，比较庄重一点。赶着平常表演，就在这里面取一些精华的东西，不是完整地敲一个，而是综合在一起敲。

附录一
汉沽飞镲传承谱系

2014年6月，根据飞镲老艺人的讲述和编者汇集多方面的资料，将高家堡子飞镲和蔡家堡飞镲的传承谱系整理如下：

高家堡子飞镲代表性传承人谱系

代 际　／　传承人	姓　名
第一代	高自旭、高自功
第二代	高振海、高振远、高振中、高振先
第三代	高廷言、高廷恩
第四代	高景留

蔡家堡飞镲代表性传承人谱系

代 际　／　传承人	姓　名
第一代	赵树林
第二代	王子辛
第三代	赵长江
第四代	赵振生
第五代	赵满宗、赵金宗
第六代	王喆、赵硕

蔡家堡飞镲队传承谱系

代际＼会头	姓　名	担任会头的时间
第一代	刘振春	20世纪50年代以前
第二代	赵连甲、王子辛	20世纪50年代
第三代	赵连赫	20世纪80年代初
第四代	赵金宗	2006年至2011年
第五代	张东生	2011年至今

附录二
汉沽飞镲相关方言称谓

1. 划子：摇船的工具如桨、橹、篙等。

2. 使船：用船，在船上工作。

3. 开海：每年11月份天冷海面上冻，渔民无法作业，将船停靠在码头歇息。待来年开春海边的冰融化后，便出海打渔，称为"开海"。期间会有开海节。

4. 划橹：船要调转方向。

5. 家什儿：常用的东西和物件，船上飞镲的"家什儿"即鼓、铙、镲等。

6. 罗盘：指南针。

7. 镲花儿：打出花样，以期"浑身是镲"。

8. 撩网：海水涨潮，用网子收鱼。

9. 红白喜事：丧葬、婚礼等民俗事项。

10. 妈妈例儿：天津地区祖辈流传下来的俗语。

11. 熏：汉沽方言，即"熏陶"的意思。村中的儿童从小就耳濡目染父辈的飞镲表演，被"熏"出了耳音，能够听懂鼓谱、镲谱以及领会各种飞镲动作。

12. 耳音（心伴儿）：即听声辨鼓点的能力，飞镲表演者要做到心眼有谱。

13. 朝山：汉沽人将去景忠山庙会进香、许愿及还愿称为"朝山"。

14. 八扇：汉沽飞镲最开始的一种打法，由四人进行表演，每人手执一副镲。

15. 打场子：旧时在景忠山庙会大殿前的广场上以飞镲表演的方式圈定出一块空地。

16. 大纸：旧时汉沽当地将画有神像的画叫作"大纸"。

17.娘娘驾：指画有"三霄娘娘"头像的"大纸"。

18.发驾：将"娘娘驾大纸"起驾进行外出游行。

19.烧驾：即把"娘娘驾纸"烧掉。

20.号佛：进香时，香头带领信众拉长音高喊"阿——弥——"，信众应声齐呼"陀——佛——"。

21.换回帖：此既是礼节也是会与会之间交往的一个形式。

22.棒子：即玉米。

23.大座旗：指汉沽地区飞镲队队伍最后方所举的纛旗。"纛旗"是古代军队里的大旗，与正方形帅字旗、长方形三军令旗一样都是表示元帅及大本营所在地的。"纛旗"一般为长五尺、高三尺的三角旗，有齿牙边，分红黄绿白黑五色，齿牙边有与旗同色和不同色两种；旗心绣飞龙图案，旗边绣回纹或火焰纹，上有飘带，可作行进及列阵表演。后来多演化为民间杂技表演艺术中的会旗。

24.蛤粉：即蛤蜊的壳形成的粉末，蛤蜊的壳还有药物作用。

25.生纸：汉沽南部一些渔村，如蔡家堡、高家堡子的年俗之一，即在除夕的晚上，来到自家的船上，燃烧纸钱，燃放爆竹、烟花。

26.堡：称之为堡的渔村，多为明朝驻扎海防军队的驿站，担负着各种政治、经济、文化、军事等方面的任务。

27.赶鱼：当地的养船人家都要备有一套锣鼓，放在渔船上，在遇见鱼群时，各船都要展开旗子，焚香烧纸，敲锣打鼓引诱鱼入网，当地人们称之为"赶鱼"。

28.打喜：是汉沽渔村特有的一种庆祝丰收的仪式。渔船满载而归，全村的人都会集合起来迎接，船上与岸上会同时打起飞镲庆祝。

29.家仗：船老大、船长。

30.搪：保护自己。

31.抗：打击对手。

32.上面：汉沽人基于地理位置将汉沽区城区中心称为"上面"。

33.下面：与汉沽城区中心相对应的如蔡家堡、高家堡子、高庄等农村村落。

34.镲碗：镲凸起的部分，因其形如一只碗，故而得名。

35.镲头（领子）：站在队伍最前方，是飞镲队中掌握飞镲技艺最好的演员，整体动作的编排与转换均由镲头负责。镲头是飞镲表演中最核心的人物，起到领队的作用，所以也称"领子"。

36.散飞：狭义上的散飞指的是在同样的一段鼓点中，每一位表演者按照自己的想法表演出不同的动作，但是任何一个动作都要与鼓点相契合；广义上的散飞则是独立表演的别称，与团队表演相对应。

后记

　　天津这座城市，自古就和民间文化有着不解的缘分，六百年间，孕育出了一项又一项精彩绝伦的民间艺术，培养出了一代又一代的文化名人。这些民间文化由民间大众所创造，是维系了数千年的农耕社会的一部分。自从进入新世纪以来，农耕社会加速解体，城镇化进程不断加快。但是，扎根于农耕社会的民间文化却并未做好充分的准备，许许多多的民间文化在立足未稳之时已为时代的洪流所湮没，消失在历史的长河之中。幸运的是，纵使艰难，仍然有不少民间文化幸运地得到了应有的发展与传承，仍然璀璨夺目。

　　汉沽飞镲，是汉沽沿海一带的渔民基于自己的实际生活而创造、发展、传承的一项民间艺术，漫天飞舞的镲，震耳欲聋的鼓、铙，气势磅礴，充满了力量，将汉沽民众朴实刚毅的性格展现得淋漓尽致。汉沽的每一位民众，纵使不会表演，也听说过飞镲，也看到过飞镲的表演。政府甚至将每年的6月8日定为"滨河汉沽飞镲节"，并在汉沽滨河世纪广场的中央设立了飞镲的雕像，可以说，飞镲是汉沽的骄傲。

　　自2013年8月起，笔者数次来到汉沽，探访这项为人称道的民间艺术，切身感受在城镇化进程不断推进的今时今日民间文化的魅力。

　　传统社区突然的解体对于民间文化可谓是毁灭性的打击。民间文化具有着独特性，其所依附的社区往往局限在特定的地域，当特定的地域因为外力的作用突然消失时，民间文化瞬间失去了赖以生存的文化土壤，势必难以存活下去。汉沽的渔村虽然已经基本搬迁到了城区之中，传统社区看似已经消失，但是在20世纪50年代左右，由于盐场招工，许多身怀飞镲技艺的渔民成为工人，并在城区之中成立飞镲队，民众身份的转变促使新的社区逐渐形成，民间文化所依附的土壤虽然从空间上发生了变化，但文化土壤的本质却并未改变。

民间文化，终归也是民间大众的生活文化，需要民众的参与和支持。民众会自觉地，或是不自觉地成为民间文化的创造者、参与者与继承者，也正是由于民众不断地参与，才使得民间文化能够得以传承。但随着西方文化的进入，民众往往会将西方文化视为生活的文化，而将民间文化束之高阁，甚至视为异类。这种情况就造成了如今参与民间文化的民众年纪普遍较大，而年轻一代却缺乏兴致，既不会试图去了解，也不会参与其中。在汉沽，民众了解飞镲，喜爱飞镲，将其视为生活的一部分，但对于年轻人，上述情况依然存在。年轻人因为有着更多的兴趣选择，很少选择飞镲作为娱乐休闲方式，但是，飞镲在汉沽不仅仅是一种娱乐休闲方式，更是一种职业。汉沽、市区以及唐山一带的红白喜事均会邀请飞镲队员前去表演，一场演出每人大概有着百元左右的收入，所以，汉沽一些年轻人，特别是女性，自小耳濡目染飞镲技艺，长大后便会选择练习飞镲，既可以强身健体，亦能够贴补家用。

在采访中，笔者发现，虽然汉沽飞镲在2008年已经被评为了国家级非物质文化遗产，但是汉沽飞镲的文本性资料并不多，较为久远的历史资料在唐山大地震中悉数被毁，而各飞镲队的历任队长、会员情况，包括飞镲的发源地等等均没有翔实的资料可以查证，这对于一项国家级非物质文化遗产来讲是十分遗憾的。好在一些飞镲队开始意识到这样的问题，已经着手收集整理会中的各项资料，做好相关的记录。

本书的一部分参考资料来源于《中国民族民间舞蹈集成·天津卷》以及李瑞林老师提供的《汉沽乡土轶闻》与《义和拳侠》两部著作，另一部分为笔者来到汉沽对各飞镲队所做的田野调查资料。书中的图片一部分为笔者拍摄，一部分为受访者本人提供，还有一部分（第三章个人动作与对打动作的图片）为龙武飞镲老会的志愿者刘树坤先生提供。此外，书中部分曲目、鼓点的校对由刘爱林老师与赵硕先生完成，在此一并表示感谢。

最后，要诚挚地感谢汉沽飞镲龙狮艺术团团长崔宝宾、汉沽金龙飞镲队队长赵满宗、汉沽龙武飞镲老会会头高景留、高庄飞镲队队长刘洪生、看财女子飞镲队队长杨义花、蔡家堡飞镲队队长张东生以及各位飞镲表演者对于笔者田野调查的帮助。

2014年5月

于天津大学冯骥才文学艺术研究院